Das Schokoladenbuch

Ritter SPORT

Herausgeber:

ISBN: 3-923003-93-5
Edition Quadrat

Printed in Germany

Besuchen Sie uns im Internet:
www.ritter-sport.de

Vorwort

Neun von zehn Menschen mögen Schokolade. Der Zehnte lügt.
Schokolade ist ein Produkt mit einem Charme, dem man sich nicht entziehen kann. Zwischen süß und bitter, zwischen schmelzend und knackig, als wunderbar schmeckende Tafel oder als verführerisches Getränk, als Schokolade pur oder in Kombination mit so ziemlich allem, was gut schmeckt. Schokolade, diese Idee, die sich in vielfältigen Rezepturen aus verschiedenen Kakaosorten ferner tropischer Länder, vereinigt mit Zucker, Milch und feinen Gewürzen, verwirklicht. Schokolade, das Getränk der Götter, das seinen Weg von Süd- und Zentralamerika – wo es schon seit Jahrtausenden einen festen Platz in der Heilkunst und als Genuss hatte – in die europäischen Königshäuser gefunden hat, ist heute ein für jedermann in vielfältiger Weise verfügbarer Genuss. So zweifelhaft auch viele Fortschritte in der Menschheitsgeschichte sein mögen: Dass Schokolade die heutige Verbreitung und Qualität erreicht hat, ist ein schöner Schritt zur Lebenskultur.
Es gibt Tage, an denen man Schokolade einfach essen möchte und sich an den guten Sorten, die man kaufen kann, erfreut. An anderen Tagen erwacht die Kreativität, man möchte spielen, ausprobieren, nie gekannte Geschmackswelten erforschen, dann wieder möchte man seine Lieben mit eigenen Schokolade-Kreationen erfreuen und nutzt dabei die glücksbringenden Stoffe im Kakao. Es gibt auch Momente, in denen Schokolade unpassend ist, aber wenn Sie es genau nehmen, werden Sie feststellen, es sind wenige.
Ich hatte das Glück, in eine Familie geboren zu werden, die sich schon seit über 90 Jahren mit der Produktion von guter Schokolade beschäftigt, und ich muss sagen, Schokolade ist mir noch nie langweilig geworden.
Das Schokoladenbuch ist mehr als ein Kochbuch, mehr als ein Lehrbuch und mehr als nur Unterhaltung – es bietet von allem etwas: Inspiration zum Ausprobieren, Anregung zum Spielen mit Geschmäckern und Ideen zum Forschen. Ich wünsche Ihnen viel Freude damit, und vielleicht lassen Sie mich etwas über Ihre Ideen, Geschichten und Freuden mit Schokolade wissen.

Alfred T. Ritter

Inhalt

geschichte

„Die Schokolade,
der Truthahn und
die Ananas sind die
drei Dinge, für die der
essende Mensch dem
Entdecker von Amerika
wirkliche Dankbarkeit
schuldet."

Georg Hesekiel,
preußischer Diplomat, 1862

Ursprung, Kultur & Geschichte von Kakao und Schokolade

Die ersten Menschen, die aus den gerösteten Samen des Kakaobaumes ein Getränk zubereiteten, waren die Olmeken. Sie lebten vor über 3.500 Jahren in Mittelamerika. Von ihnen übernahmen die Maya und Azteken die Kultur der Schokolade. Vor der Entdeckung Amerikas waren Kakao und Schokolade in Europa vollkommen unbekannt. Sie hatten eine weite Reise vor sich, bis sie ihren Weg zu uns fanden und bis aus dem elitären Getränk die Schokoladentafel für jedermann wurde.

Die Maske aus Türkismosaik stellt Quetzalcoatl dar, den Gott des Windes und des Mondes (um 1520). Er soll den Indios durch fleißige Ameisen die Samenkerne des Kakaobaumes geschickt und ihnen die Zubereitung des Göttertrankes „Xocolatl“ beigebracht haben.

Bild links:
Indio mit Geräten zur Schokoladezubereitung, Kupferstich von 1685.

Bild unten:
Aztekische Steinskulptur mit Kakaofrucht, 15. Jh.

Die Ursprünge des Kakaos

Die mexikanische Mythologie berichtet von Quetzalcoatl, dem Wind- und Mondgott, der den Samen des Kakaos zur Erde brachte.
Schon die Olmeken zählten das Wort cacao zu ihrem Sprachschatz, sie waren vermutlich die ersten, die Kakaobäume kultivierten.
Von den Olmeken übernahmen die Maya und später die Azteken das göttliche Geschenk. Beiden Kulturen galt der Kakaobaum als heilig. Der Genuss des Kakaotranks war jedoch nur dem hohen Adel vorbehalten.

-1500 BIS -400 OLMEKEN -1000 BIS 1500 MAYA

Der Kakaotrank bei den Maya und Azteken

Die Maya tranken ihre Schokolade heiß, die Azteken bevorzugten einen lauwarmen Trank. Er schmeckte furchtbar bitter und war ziemlich scharf. Meist bestand er aus gegrillten, zerstoßenen Kakaobohnen, die mit Wasser schaumig geschlagen wurden, versetzt mit Piment, Nelkenpfeffer, gemahlenen Chilipfefferschoten oder Vanillemark.

Kakao als Zahlungsmittel

Sowohl bei den Maya als auch bei den Azteken galten Kakaobohnen auch als Tausch- und Zahlungsmittel. So kostete eine Tomate 1 Bohne, ein Kürbis 4 Bohnen, ein Truthahn 200 Bohnen. Der Wert eines Sklaven betrug 100 Bohnen. Die Kakaobohne galt auch noch lange während der spanischen Kolonialzeit als Zahlungsmittel.

Klassische Hieroglyphe für „cacao", nach Michael D. Coe.

Klassischer bemalter Keramikkrug aus einem Grab bei Río Azul (Guatemala), Maya-Frühklassikum, ca. 500 n. Chr. Dieses Gefäß hat laut Untersuchungen flüssige Schokolade enthalten. Auf dem Deckel ist die „cacao"-Glyphe zu erkennen.

Azteken bei der Zubereitung der „Xocolatl", Kupferstich von 1673 aus der Ländermonografie „Die unbekannte Neue Welt" des Niederländers Olfert Dapper (1636–1689).

Die Namensgeschichte

Das Wort cacao (sprich: kakawa) kommt wie die Pflanze ursprünglich aus Mittelamerika. Es entstammt vermutlich der Mixe-Zoque-Sprache und bedeutet Baum.

Die Maya übernahmen dieses Wort von den Olmeken und nannten die Trinkschokolade chocol haa (chocol = heiß, haa = Wasser), die Azteken nannten sie cacahuatl (caca = Kakaokern, atl = Wasser). Aus diesen beiden Begriffen entstand, von den spanischen Siedlern geprägt, der Name chocol atl (heißes Wasser), später vereinfacht: chocolate. An diesem Namen hat sich bis heute wenig geändert.

In Deutschland heißt sie Schokolade, im Holländischen chocolade, im Französischen chocolat, im Italienischen cioccolata, im Englischen, Spanischen und Portugiesischen chocolate.

1200 BIS 1521 AZTEKEN

Die fremde Bohne

Als Christoph Columbus auf seiner vierten Fahrt nach „Westindien" im Jahre 1502 die Insel Guanaja (im Golf von Honduras) erreichte, boten ihm die dort lebenden Indianer Kakaobohnen als Gastgeschenk und Tauschware an. In den Genuss des Kakaotranks kam Columbus jedoch nicht.

„Columbus, als er in India erstlich angekommen, wird von den Einwohnern aufgenommen und mit großem Geschenk verehrt und begabet." Kolorierter Kupferstich von Theodor de Bry, 1594.

Bild oben links: Christoph Columbus
Bild links: Spanische Karavelle aus dem späten 15. Jh. auf einem zeitgenössischen Holzschnitt
Bild rechts: Hernando Cortez

Als der wahre Entdecker des Kakaos wird heute Hernando Cortez angesehen. Der spanische Eroberer landete 1519 vor der Küste Mexikos. Die Azteken hielten ihn für ihren wiederkehrenden Gott Quetzalcoatl, und ihr damaliger Herrscher Montezuma empfing ihn mit großer Gastfreundschaft.

1492 1502 COLUMBUS 1519

Die Europäer entdecken den Kakao

Cortez eroberte das gesamte Aztekenreich, und alles, was im Reich Montezumas als wertvoll galt, so auch die Kakaobohnen, fand schnell das Interesse der Spanier und damit den Weg nach Europa. Es war nicht gerade Liebe auf den ersten Schluck. Doch die Abneigung der Eroberer gegen das bittere Getränk schwand mit der Zeit, es wurde zur täglichen Gewohnheit.

Das erste Zusammentreffen von Cortez und Montezuma, 1519. Ölbild aus dem 19. Jh., Cadbury Collection Birmingham.

Europäisierte, aber zutreffende Darstellung einer hochrangigen aztekischen Priesterin, die Schokolade umgießt, um Schaum zu erzeugen. Aus dem Tudela-Kodex, spätes 16. Jh.

Von einem Franziskanermönch, der im Heer von Cortez mitzog, erhielten die Europäer später folgenden Bericht über das exotische Getränk:

„Wer sie, die chocoatl – das bedeutet ‚Schaumwasser' in ihrer Sprache – verkaufen will, röstet die Bohnen zuerst in einem irdenen Topf. Wenn die Kerne dann aus der Haut gesprungen sind, werden sie auf einer steinernen Platte mit einer Walze zerrieben, die sie allhier metatl heißen. Das macht sie (die Zubereitende) ein Mal oder auch zwei, bis es Pulver ist, das sie dann mit Mehl vom Mais mischt und ein wenig Wasser aus einem Krug, das dann einen festen Brei macht. Der wird über dem Feuer erhitzt, bis er zu Schaum wird. Wenn es aber zu viel Wasser ist, schäumt es nicht. Wenn der Brei aber gut schäumt, gibt sie vaynella (Vanille) dazu, auch Honig von den wilden Bienen im Wald und auch Rosenwasser. Er wird immer in neue Töpfe getan und wieder geschlagen, auch durch ein Tuch geseiht, bis er ganz dick ist. Dann schöpft sie den Schaum ab und schlägt ihn mit einem Quirlstock. Sie, die die wahre Zubereitung kennt, macht die chocoatl so gut, dass die Señhores sie nur essen können, wenn sie den Mund ganz weit öffnen, es schmilzt dann im Mund und geht nur langsam über die Zunge hinunter in den Magen. Das gemeine Volk und die Soldaten machen dicke Kuchen aus chocoatl mit Mais und rotem Pfeffer (Chili). Das ist sehr nahrhaft und lässt sich viele Monde aufheben."

Kaiser Karl V. empfängt Geschenke aus der „Neuen Welt". Neben Schmuck und kunstvollen Gefäßen gehört dazu auch Kakao.

Die Entdeckung der so genannten „Neuen Welt" hatte neben der Veränderung des allgemein gültigen Weltbildes auch eine Veränderung der Ernährungsweise zur Folge. Neben Kakao kamen auch Mais, Kaffee, Tee, Tabak und viele andere bis dahin unbekannte Lebens- und Genussmittel nach Europa.

Die Schokolade wird süß

Ihren Durchbruch feierte die Trinkschokolade aber erst nach einer zufälligen Rezeptänderung: In Mittelamerika rührten spanische Nonnen Rohrzucker in den bitteren Trank und verliehen ihm somit seine himmlische Süße.
Mit den Heimkehrenden gelangte die geliebte Trinkschokolade 1528 an den spanischen Königshof. Der Genuss von Schokolade entwickelte sich rasch zum festen Bestandteil des spanischen Hofzeremoniells.

1528 KARL V. SPANIEN

Der Konflikt mit der Kirche – ist Schokolade ein Getränk?

Die Schokolade hatte jedoch auch ihre Gegner. 250 Jahre lang wurde in allen katholischen Ländern Europas über den Schokoladengenuss während der Fastenzeit heiß diskutiert. Die Frage war, ob Schokolade ein Getränk oder – aufgrund ihrer Nahrhaftigkeit – eine Speise sei.
Dieser Streit wurde erst 1655 endgültig beigelegt, als Kardinal Francesco Maria Brancaccio die nahrhafte Schokolade zum Getränk und somit nicht als Verstoß wider das katholische Fastengebot erklärte.

Kardinal Francesco Maria Brancaccio, Kupferstich.

Von ihm stammen auch die folgenden Zeilen seiner „Ode auf den Kakao":

Solange mir das große Himmelslicht
noch strahlt,
wirst du, o Baum der Bäume,
mir Lebensspender sein
und Schöpfer meiner lautersten Gefühle.
Aus dir allein quillt meines Geistes Kraft,
o süße Himmelsgabe,
o viel gerühmter Göttertrank!
Fahr nur auf immer wohl,
du holder Tau aus Bacchus' Reich!
An deiner Statt verehre ich fortan
die neue Quelle, die ein Gott erschloss.
Ström hin und teile deine Wohltat
im Überfluss den Menschen mit!

Bild links:
Der Araber als Kaffeetrinker, der Chinese als Teetrinker und der Indio als Kakaotrinker. Eine Verherrlichung der drei neuen und sogleich beliebten Genussmittel der Europäer im 17. Jh., Kupferstich, spätes 17. Jh.

1655 BRANCACCIO

Die Schokolade erobert Europa

Obwohl Spanien über 100 Jahre lang das Handelsmonopol auf Kakaobohnen innehatte, fanden diese dennoch rasch ihren Weg über die spanischen Grenzen hinaus; zunächst in den Taschen vertriebener Spanier oder als begehrte Schmuggelware spanischer Seeleute, die mit den wertvollen Bohnen in französischen und italienischen Häfen Tauschgeschäfte machten. Vor allem die Kontakte zwischen den europäischen Fürstenhöfen führten zur Verbreitung der Schokolade zuerst in Italien und Frankreich, später in ganz Europa. Sehr bald entstanden überall Kakaostuben, besonders in Florenz und Venedig. Die Trinkschokolade entwickelte sich rasch zu einem beliebten Modegetränk der oberen Klassen.

Um 1850, als die bürgerliche Klasse in Europa die Adelsherrschaft verdrängt hatte, ging die Epoche der Schokolade als aristokratisches Modegetränk zu Ende.

Bild oben:
Im Jahre 1743 besuchte der Schweizer Maler Jean-Etienne Liotard Wien, um Maria Theresia und ihre Familie zu porträtieren. Dort begegnete er der Kammerfrau Nandl Baldauf, die ihm jeden Morgen eine Frühstücksschokolade servierte, wie es zu dieser Zeit in jenen Kreisen üblich war. Da ihn ihre Tätigkeit beeindruckte, verewigte Liotard sie in dem Gemälde „La belle Chocolatière – das schöne Schokoladenmädchen".

Schokolade galt im 18. Jh. bei der gehobenen Gesellschaft als der absolute Genuss. Sie war Lebenselixier, Stärkungsmittel und Instrument der Verführung. „Der Chocolat", Kupferstich um 1750 von Martin Engelbrecht (1684–1756).

1743 ITALIEN

FRANKREICH 1800

Ein Wiener Stich aus der Folge „Schauplatz der Natur und Künste" von 1775 zeigt die Kakaoverarbeitung und Schokoladeherstellung am Ende des 18. Jh.

Vom aristokratischen Kultgetränk zum süßen Genuss für jedermann

Einige große Erfindungen und die Massenproduktion der Industriellen Revolution ebneten der Schokolade den Weg zum Genussmittel für jedermann.
Die wichtigsten Errungenschaften in der Geschichte der Schokoladenproduktion waren:

1828: Kakaopulver – Van Houten
1847: Tafelschokolade – Fry & Sons
1875: Milchpulver – Henry Nestlé
1879: Milchschokolade – Daniel Peter
1879: Conchieren – Rodolphe Lindt

1932 schrieb Ritter Sport mit der ersten quadratischen Schokoladentafel Schokoladengeschichte.

Conchensaal der Firma Lindt & Sprüngli um 1900

In einer deutschen Schokoladenfabrik um 1908

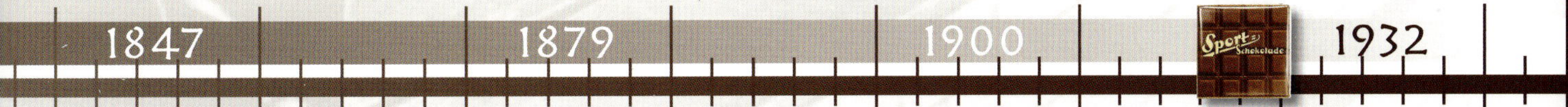

„Machen wir doch eine Schokolade, die in jede Jackentasche passt, ohne dass sie bricht, und das gleiche Gewicht hat wie die normale Langtafel.“

Clara Ritter, Firmengründerin, 1932

ritter sport

Unsere Geschichte fängt da an, wo die meisten Liebesfilme aufhören: bei der Ehe.

Clara Ritter geb. Göttle

Alfred Eugen Ritter

Das erste Geschäftshaus in der Wilhelmstraße Nr. 16 in Stuttgart – Bad Cannstatt

Bei Ritter Sport liegt die Liebe zu guter Schokolade schon seit **1912** *in der Familie. In diesem Jahr heiraten der Konditor Alfred Eugen Ritter und Clara Göttle, Inhaberin eines Süßwarengeschäfts, und gründen zusammen die Schokolade- und Zuckerwarenfabrik Alfred Ritter Cannstatt.*

1930 zieht das expandierende Unternehmen ins idyllische Waldenbuch, und bald darauf, im Jahr **1932**, wird das Schokolade-Quadrat aus der Taufe gehoben.

Der erste Firmen-Lkw, 1926 in der Wilhelmstraße

Waldenbuch, um 1930

Alfred Otto Ritter mit der ersten eigenen Schokoladenmarke „Alrika"

Der neue Firmen-Lkw

Schokoladefabrik Alfred Ritter in Waldenbuch im Jahre 1930

Alfred O. Ritter während der Ausbildung

Herr Haab, Alfred O. Ritter und Herr Berger, der Produktionsleiter, vor der Feinwalze

Alfred O. Ritter und Herr Berger in der Produktion

Wie die quadratische Schokolade erfunden wurde, weiß keiner mehr so genau. Einer Anekdote zufolge waren die kleinen Jackentaschen daran schuld.

Viele Fans freuten sich vor dem Fußballspiel auf eine Schokolade aus Alfred Ritters Fabrik; die lag nämlich genau auf dem Weg zum Fußballplatz. Doch wenn sie die Tafel einstecken wollten, passte sie nicht hinein.

Waren die Jackentaschen zu klein? Nein, dachte sich Clara Ritter, die Schokolade ist zu lang. So erfand sie 1932 die quadratische Tafel und gab ihr den nahe liegenden Namen „Ritter's Sportschokolade".

Sportplatz in Waldenbuch

Das erste Schokolade-Quadrat

Werbeflug „Ritter Schokolade", 1935

Die Vorkriegszeit bringt einige Probleme mit sich, da die Kakaoeinfuhr beschränkt wird. Ab 1940 muss die Schokoladenproduktion gänzlich eingestellt werden.

Erst ab 1950 kann sie wieder in vollem Umfang aufgenommen werden.

Ab 1960 konzentriert man sich unter der Leitung von Alfred Otto Ritter immer stärker auf das Schokolade-Quadrat. Viele Artikel, wie z.B. Saisonartikel, Langtafeln, Pralinen und Hohlfiguren, werden nach und nach aus dem Programm gestrichen. Das Schokolade-Quadrat erobert ganz Süddeutschland.

Alfred Otto Ritter

Marta Ritter

Im Jahre 1970 etabliert sich die Marke Ritter Sport national und wird nun auch bundesweit im Fernsehen beworben.

Massiv-Eintafelanlage, 1960

Werbung mit dem Stuttgarter Staatsballett

1974: Alles wird bunt

Alfred Otto Ritter revolutioniert den Schokolademarkt, als er 1974 die „Bunte Palette“ einführt: Jede Sorte erhält eine charakteristische, fröhliche Farbe, die Sortenvielfalt wird deutlicher und der junge, aktive Charakter der Marke damit augenfällig. In einem Interview begründet er die „Bunte Palette“ wie folgt: „Schließlich gilt auch der Aspekt, dass die Möglichkeiten von Farbfernsehen und anderen Kommunikationsmitteln bunter geworden sind.“

Einführung der „Bunten Palette“, 1974

Die „Bunte Palette“ umfasst 1974 neun verschiedene Sorten

Werbung „Alles wird bunt“, 1974

Auch mit seiner fröhlichen, modernen Werbung liegt Ritter Sport im Trend dieser farbigen Zeit.
Die Marke etabliert sich national mit dem bis heute gültigen Slogan: „Quadratisch. Praktisch. Gut.“

1976: Der Trick mit dem Knick und die Masche mit der Tasche

Die revolutionäre Schlauchbeutelverpackung und der praktische Knick-Pack werden 1976 eingeführt. Sie entwickeln sich schnell zu markanten Markenbestandteilen von Ritter Sport.

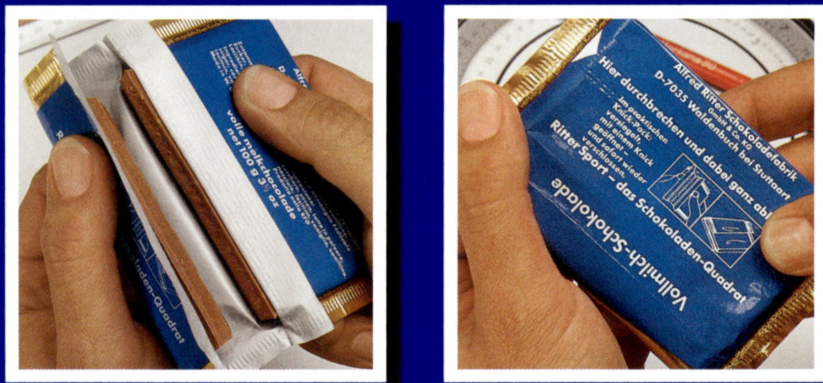

Knick. Knack. Auf Zack. – Knick-Pack und Schlauchbeutel

1978 geht das Unternehmen, das nach dem Tod von Alfred Otto Ritter zunächst von seiner Frau Marta weitergeführt wurde, in die Hände der dritten Generation der Familie über.

1983 übernimmt Alfred Theodor Ritter den Vorsitz des Beirats.

Alfred T. Ritter

1982 wird das Sortiment rund um die 100 g-Quadrate um neue Produkte erweitert, z. B. die Ritter Sport Minis.

Firmengelände in Waldenbuch, 1982

1991 löst die moderne, voll recyclingfähige Einstoff-Verpackung aus Polypropylen das herkömmliche Verbundmaterial ab. Sie garantiert einen optimalen Produkt- und Aromaschutz und sorgt zusätzlich für eine jährliche Packstoffeinsparung von ca. 1.000 Tonnen.

Auch im Ausland trifft Ritter Sport den Geschmack der Menschen. Ritter Sport Schokolade wird mittlerweile in über 70 Ländern genossen.

Zur Sicherung der hohen Qualität von Ritter Sport wird 1994 ein Qualitätsmanagementsystem eingeführt.

2002 entsteht auf dem Firmengelände in Waldenbuch ein Blockheizkraftwerk. Die damit verbundene effektivere Energienutzung verringert die CO_2-Belastung der Atmosphäre um ca. 6.700 Tonnen pro Jahr.

Heute und in Zukunft: Quadratisch. Praktisch. Gut.

„Das andere Schokoladekonzept, durch das sich Ritter Sport mit einem klaren Markenprofil im Wettbewerb abhebt, ist für das Unternehmen Verpflichtung und Kapital zugleich. Durch die ständige Stärkung und Weiterentwicklung unserer Marke und ein innovatives Marketing werden wir unsere Marktposition national und international weiter ausbauen."

Alfred T. Ritter

Marli Hoppe-Ritter

Die Passage des Museum Ritter

Im Herbst 2005 öffnen das neue Museum Ritter und der Ritter Sport SchokoLaden direkt neben dem Firmengelände in Waldenbuch ihre Pforten für neugierige Besucher.

Die Geschichte des Schokolade-Quadrats – eine historische Metamorphose

1932

1947

1960

1969

1974

1978

1981

1987

1995

2000

2004

kakao

„Kein zweites Mal hat die Natur eine solche Fülle der wertvollsten Nährstoffe auf einem so kleinen Raum zusammengedrängt wie gerade bei der Kakaobohne.“

Alexander von Humboldt,
Naturforscher, 1769-1859

Die Speise der Götter

Der schwedische Naturforscher Carl von Linné (1707–1778) gab dem Kakao 1753 seine bis heute geltende wissenschaftliche Bezeichnung Theobroma cacao Linné.

Das Wort Theobroma ist aus zwei griechischen Wörtern zusammengesetzt: theos = Gott und broma = Speise. Übersetzt bedeutet dies Speise der Götter – eine Liebeserklärung des bekennenden Kakaoliebhabers.

Carl von Linné, Kupferstich

Der Kakaobaum – ein ganz besonderes Tropengewächs

Theobroma cacao Linné, der Kakaobaum, stammt ursprünglich aus Mittel- und Südamerika. Er gedeiht am besten in den feuchtwarmen, tropischen Zonen 15° nördlich und südlich des Äquators. Der Rohkakao für die Schokoladenproduktion kommt ausschließlich aus künstlich angelegten Kakao-Pflanzungen, die man in Schatten spendenden tropischen Regenwäldern findet.
Der knorrige Kakaobaum mit seiner charakteristischen breiten Krone aus schwertartigen, glänzend glatten Blättern wird bis zu 15 Meter hoch, Plantagenbäume werden jedoch auf eine Höhe von 4 bis 8 Meter gestutzt. Die zimtfarbig bräunliche Rinde hat helle Flecken und umgibt einen nur etwa 20 Zentimeter dicken Stamm aus sprödem, unempfindlichem Holz.

Der Kakaobaum ist ein Unterholzbaum und wächst im Schatten größerer Gewächse. Diese so genannten „Kakaomütter“, oft Bananenstauden oder Kokospalmen, schützen ihn vor Sonne, Wind und Bodenerosion. Der Anbauboden muss reich an organischen Nährstoffen und tiefgründig sein, das begünstigt eine gute Entwicklung der Pfahlwurzel. Diese Wurzel mit einem Netz feiner Seitenwurzeln dringt etwa einen Meter tief in den Boden. Der Kakaobaum ist das ganze Jahr über belaubt und treibt drei- bis viermal jährlich neue Blätter. Fachgerechtes Beschneiden und sorgfältiges Versiegeln der Schnittstellen nach der Ernte belohnt er mit einem hohen Ertrag seiner wertvollen Früchte. Das Besondere: Der Kakaobaum trägt gleichzeitig Blüten und Früchte verschiedener Reifestadien.

Bild oben links:
Blätter des Kakaobaumes
Bild oben rechts:
Kakaobaum mit Blüten und Früchten
Bild rechts:
Ein Kakaobaum im Schatten einer „Kakaomutter"

Von der Blüte zur Frucht

Der Kakaobaum beginnt, je nach Art, im Alter zwischen 18 Monaten und 3 Jahren zu blühen. Die filigranen Blüten entstehen büschelweise das ganze Jahr hindurch am blattlosen Stamm oder an stärkeren Ästen im unteren Bereich des Baumes und werden von kleinen Insekten bestäubt. Diese Stammblütigkeit (Kauliflorie) des Kakaobaumes ist eine besonders auffallende Eigenschaft. Die Blütenpracht kann sich pro Baum und Jahr auf eine Zahl zwischen 50.000 und 100.000 Blüten belaufen.

Nachdem sich die Kelchblätter der Blüten in den Nachmittagsstunden und in den frühen Morgenstunden geöffnet haben, können die Narben von Insekten bestäubt werden. Da die natürliche Befruchtung sehr gering ist und höchstens sechs Prozent beträgt, hilft der Mensch auf modernen Kakaoplantagen durch künstliches Bestäuben nach. Die Erträge können dadurch erhöht und die Qualität erheblich verbessert werden.

Nach der Befruchtung schwillt der Fruchtknoten rasch an, so dass man bereits nach 10 bis 14 Tagen die junge Frucht erkennen kann. Die Zeit von der Blüte bis zur Fruchtreife beträgt je nach Lage, Temperatur und Sorte etwa 4 bis 8 Monate.

Bild rechts: Kakaoblüte

Bild unten: geöffnete Kakaofrucht

Bild rechte Seite unten: Kakaobohnen, von weißem Fruchtfleisch, der Pulpa, umhüllt

Die Kakaofrucht

Die Kakaofrucht ist botanisch genau genommen eine Beere. Sie ist kurz gestielt, 15 bis 25 Zentimeter lang, 7 bis 10 Zentimeter dick, am Grund oft etwas verbreitert und meist in einer Spitze auslaufend. Zuerst grün, färben sich die Früchte je nach Reifegrad und Sorte später entweder gelb oder rot. Ihr kostbares Inneres wird durch eine außen harte und innen weiche, 5 bis 20 Millimeter dicke Schale geschützt. Diese ist mit 10 mehr oder weniger deutlich hervortretenden Längsfurchen versehen.
Im Inneren der Kakaofrucht und umhüllt von weißem Fruchtfleisch, der so genannten Pulpa, befinden sich zwischen 25 und 50 länglich eiförmige Samen: die Kakaobohnen. Sie sind in 5 Längsreihen angeordnet. Noch sind sie blass und ohne Geruch.

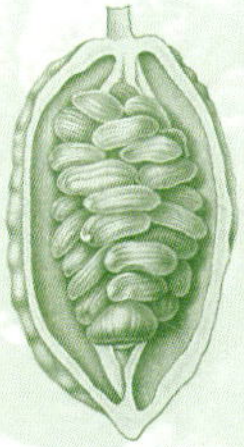

Die Kakaobohne

Das Innere der Kakaobohne, der Samenkern, besteht aus zusammengefalteten Keimblättern. In ihnen sind alle Nährstoffe enthalten, welche die junge Kakaopflanze bei der Keimung für ihre Entwicklung braucht. Sie sind es, die den Nährwert des Kakaos ausmachen.

Eine Kakaobohne enthält:
54 % Kakaobutter, 11,5 % Eiweiß,
9 % Zellulose, 7,5 % Stärke und Pentosane, 6 % Gerbstoffe und Farbstoffe,
5 % Wasser, 2,6 % Mineralien und Salze,
1,2 % Theobromin, 1 % verschiedene Zucker und 0,2 % Coffein.

Der Rest sind organische Säuren und Geschmacksstoffe.

Der Kakaoanbau

Angebaut wird Kakao in Süd- und Mittelamerika, Afrika und Asien. Über 50 Prozent des Rohkakaos kommen heute aus Anbauländern in Afrika. Hauptanbauland ist die Elfenbeinküste.

Heute werden hauptsächlich drei Kakaosorten angebaut. Der Edelkakao Criollo ist ein „Würzkakao" – das bedeutet, er enthält mehr Aroma- und Duftstoffe. Er wird in der Regel preislich höher gehandelt als die Basiskakaosorten (auch Konsumkakao genannt) und entsprechend sorgfältig und schonend verarbeitet, damit all seine wertvollen Aromastoffe erhalten bleiben. Der Criollo stammt aus Mittelamerika und ist vor allem in Venezuela, Ecuador und auf Java zu finden.
Die Hauptmenge der Weltkakaoerzeugung besteht aus Konsumkakao: dem Forastero, welcher hauptsächlich in den Amazonasgebieten Südamerikas beheimatet ist, und dem Trinitario, einer Kreuzung aus Criollo und Forastero, beheimatet vor allem in Zentralamerika, der Karibik und Madagaskar. Diese Kakaobäume sind kräftiger und widerstandsfähiger gegen Schädlingsbefall, Krankheiten und klimatische Einflüsse. Auf die beiden Basiskakaosorten Forastero und Trinitario entfallen circa 90 Prozent der Weltproduktion.

Bilder rechte Seite oben:
Nicaraguanischer Kakaobauer mit einer geöffneten Kakaofrucht, Kakaobaum auf einer Plantage

Bild rechte Seite unten:
Plantagenbaum in Nicaragua

Regenwald in Nicaragua, Mittelamerika

Die Pflanzer in den Anbauländern sind bestrebt, immer qualitäts- und typengleiche Rohkakaosorten auf den Markt zu bringen. So hat sich der Ankauf einer Rohstoffsorte aus bestimmten Lieferanten-Ländern eingespielt.

Mitteleuropa deckt seinen Bedarf an Konsumkakao hauptsächlich in den mittelafrikanischen Ländern Ghana, Nigeria und der Elfenbeinküste. Aus dem nördlichen Südamerika, Ecuador und Venezuela kommen die Edelkakaosorten, die hauptsächlich von deutschen Schokoladenfabrikanten verarbeitet werden. Nordamerika, hier im Besonderen die USA, bezieht seinen Hauptbedarf an Rohkakao aus Brasilien.

Cacaonica – ein agroforstliches Entwicklungsprojekt in Nicaragua

Nicaragua ist nach Mexiko das größte Land Mittelamerikas. Der größte Teil des Landes zählt zu den Feuchttropen. Nicaragua ist ein überwiegend agrarisch strukturiertes Land. Die Lage der Bevölkerung, insbesondere der Kleinbauern, ist kritisch. Geringes Einkommen aufgrund niedriger Erlöse für landwirtschaftliche Erzeugnisse, verminderte Bodenfruchtbarkeit und mangelnde Organisation der kleinbäuerlichen Betriebe nebst einer schwachen Infrastruktur verschlechtern deren Situation.

In den vergangenen Jahrzehnten hat die Zerstörung des Regenwaldes immense Ausmaße angenommen. Hauptgrund dafür ist die rasche Ausdehnung der landwirtschaftlichen Anbauflächen. Die Vernichtung großer Waldgebiete hat das ökologische Gleichgewicht bereits gravierend verändert: Verheerende Naturkatastrophen waren die Folge. Um die extensive Landbewirtschaftung einzudämmen und der Wiederaufforstung, und damit dem Bestehen des Regenwaldes, eine Chance zu geben, wird auf ein Konzept gebaut, welches unter dem Namen Agroforstwirtschaft land- und forstwirtschaftliche Anbaumethoden kombiniert.

Familie eines Kakaobauern in Waslala, Nicaragua

Hauptstraße in Waslala, Nicaragua

Durch verschiedene standortgerechte Nutzpflanzen, wie z. B. Bananen, Kakao, Mais oder Bohnen, wird eine mehrstufige Bodenbedeckung erreicht. Der Boden wird vor Erosion, Austrocknung und Nährstoffverlust geschützt. Ertragsfähigkeit und Produktivität steigen und damit das Einkommen der Bauern. Zudem wird die Ertragsfähigkeit der Böden langfristig gesichert, die wachsende Ausdehnung der landwirtschaftlichen Flächen und das damit verbundene Abholzen des Regenwaldes können wirksam eingedämmt werden.

Aus dem agroforstlichen Ansatz ist im Jahr 1990 das private Entwicklungsprojekt Cacaonica entstanden, welches seit Beginn von Ritter Sport mit bisher über 2,5 Millionen Euro unterstützt wurde.

„Kakao ist für unsere Produkte ein Hauptbestandteil, den wir aus Ländern der Dritten Welt beziehen. Wir haben daher diesen Ländern gegenüber eine besondere Verantwortung. Klar ist, dass der Schutz der tropischen Wälder der Mitwirkung durch die Industrieländer bedarf. Hierzu wollen wir beitragen.“ (Alfred Ritter & Marli Hoppe-Ritter)

Projektstandort ist Waslala. Das „Municipio de Waslala“ ist mit circa 1.800 Kakaobauern das wichtigste Kakaoanbaugebiet in Nicaragua. Ein Großteil der Fördermittel fließt in die Beratung und Schulung der Bauern zu Organisations- und Managementstrategien, zu Anbautechniken sowie zu Qualitäts- und Vermarktungsfragen. Seit Projektbeginn haben sich mehr als 1.000 Kleinbauern beteiligt.
Cacaonica hat sich zum Ziel gesetzt, vor allem Anbau, Erzeugung und Vermarktung von organisch erzeugtem Kakao zu fördern. In Waslala wurde eine Genossenschaft gegründet, die seit Mitte des Jahres 2000 die zentrale Verarbeitung in einer eigenen Anlage und den Verkauf des im Projekt erzeugten Rohkakaos übernimmt. Dieser Rohkakao weist hervorragende qualitative und geschmackliche Eigenschaften auf und wird in Zentralamerika und in Europa verkauft. Ritter Sport bezieht aus dem Projektgebiet organisch erzeugten Kakao zu Fair-Trade-Konditionen und verwendet diesen für die eigene Produktion.

Weitere Informationen finden Sie in unserer Cacaonica-Broschüre. Bestellung unter: cacaonica@ritter-sport.de

Schulung der Kakaobauern auf der Plantage

Bild Mitte: Marli Hoppe-Ritter im Gespräch mit Kindern aus Waslala

Bild rechts: Schulung der Kakaobauern im Genossenschaftsgebäude

Rohstoffe aus aller Welt

Für gute Schokolade verwenden wir nur die besten Rohstoffe. Das gilt für den Kakao genauso wie für alle anderen Zutaten der leckeren Schokolade-Quadrate. Deshalb kommen die erlesenen Zutaten unserer Schokolade-Quadrate aus ganz besonderen Orten dieser Welt.

Nordamerika

Die größten Peanuts kommen aus den USA. Denn Erdnüsse lieben die sonnenverwöhnten Felder der Südstaaten wie Georgia. Aber auch die Sonne Kaliforniens ist besonders intensiv. Deswegen sind die Mandeln und die sonnengetrockneten Sultaninen aus dem „Golden State“ auch so hochwertig.

Karibik

Wenn man an die Karibik denkt, denkt man an Rum. Der beste Rum kommt aus Jamaika. Und das hat auch seinen Grund: Denn auf der Karibikinsel wächst hervorragendes Zuckerrohr, aus dem der berühmte Jamaika-Rum destilliert wird. Diesen Rum schmeckt man zum Beispiel in der Ritter Sport Rum Trauben Nuss.

Mittel- und Südamerika

Dieser Kontinent besitzt wie Afrika hervorragende Kakaoanbaugebiete, exportiert jedoch weitaus geringere Mengen. In den Ländern Mittel- und Südamerikas, z. B. in Ecuador, Venezuela, Mexiko und Costa Rica, wird vor allem Edelkakao angebaut.

Europa

Die saftigen Weiden Deutschlands und die uns wohl bekannten Kühe sind die besten Voraussetzungen für einen der wichtigsten Rohstoffe der Ritter Sport Schokolade: Milch. Ebenfalls aus Deutschland kommt der Zucker. Die leckeren Cornflakes für die Ritter Sport Knusperflakes werden im Nachbarland Frankreich hergestellt. Im sonnigen Mittelmeerraum, in Italien und Spanien, wachsen – wie im sonnigen Kalifornien – unsere goldbraunen Mandeln. Für Haselnüsse muss man weiter nach Osten reisen, bis an den Bosporus, in die Türkei. Denn nur hier wachsen die knackigen Levantiner Nüsse für die prall gefüllte Ritter Sport Voll-Nuss.

Afrika

Der „Schwarze Kontinent" ist Hauptlieferant für Kakao. Dort gedeiht die sensible Pflanze am besten. Der größte Kakaoanbieter ist die Elfenbeinküste, gefolgt von Ghana. Aus beiden Ländern bezieht Ritter Sport seine Kakaolieferungen, ebenso wie aus Nigeria.

Asien

Ein riesiger Markt und ein riesengroßes Anbaugebiet für erstklassige Rohstoffe. Es wächst zum Beispiel überaus guter Kakao in Indonesien und Malaysia. Einen besonders würzigen Edelkakao bezieht Ritter Sport aus Papua-Neuguinea. Er verleiht unserer Schokolade eine besondere Note. Etwas Besonderes ist auch die Pfefferminze, die ursprünglich aus China stammt. Deshalb bezieht Ritter Sport noch heute Pfefferminzöl aus China wie auch aus Indien. Im paradiesischen Ambiente Indonesiens wachsen die Kokosnüsse mit besonders feinem Aroma.

herstellung

„Nur allerbeste Zutaten, kombiniert mit individuell darauf abgestimmten Schokolade-Rezepturen ergeben ein prall gefülltes Ritter Sport Schokolade-Quadrat.“

Familie Ritter, Waldenbuch

Vom Kakao zur Schokolade

Es ist ein langer Prozess von der unscheinbaren, bitteren Kakaobohne zum süßen, verführerischen und unwiderstehlich aromatischen Schokolade-Quadrat.

Von der Frucht zum Rohkakao

Ernte

In 4 bis 6 Monaten, je nach Lage, Temperatur und Sorte, reifen aus den befruchteten Blüten die Kakaofrüchte – 300 bis 500 Gramm schwer und 15 bis 25 Zentimeter lang.
Bei der Ernte – noch immer sorgfältige Handarbeit – werden die reifen Früchte mit der Machete vorsichtig abgeschnitten.

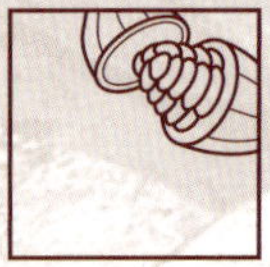

Öffnen der Frucht

An den Sammelplätzen auf der Plantage werden die Früchte geöffnet und die von weißem Fruchtfleisch umgebenen Samen, die Kakaobohnen, aus der Schale gelöst.

Bild linke Seite oben:
Die Kakaoernte mit der Machete ist noch immer sorgfältige Handarbeit
Bild linke Seite unten:
Ein Kakaobauer beim Öffnen der Kakaofrüchte
Bild links:
Kakaobohnen, umgeben von weißem Fruchtfleisch, der so genannten Pulpa
Bild unten:
Ein Kakaobauer schichtet Kakaobohnen und Bananenblätter zur Fermentation übereinander

Fermentation

Um aus den Samenkernen hochwertigen Rohkakao entstehen zu lassen, werden sie einem Gärungsprozess unterzogen. Das Geheimnis einer guten Schokolade liegt nicht zuletzt in dieser so genannten Fermentation, denn sie ist ausschlaggebend für die Qualität des Kakaos. Bei diesem Prozess werden die Bohnen vom Fruchtfleisch getrennt. Dazu füllt man die Samen mit dem Fruchtfleisch in Kästen aus Holz und bedeckt sie mit Bananenblättern. In der Tropenhitze verflüssigt sich das Fruchtfleisch und fließt von den aufgeschichteten Bohnen ab. Erste Aromastoffe werden gebildet und die typische, dunkle Kakaobohnenfarbe entsteht. Bis zu 9 Tage soll der frisch geerntete Kakao fermentieren, damit sich das charakteristische Kakaoaroma entwickeln kann.

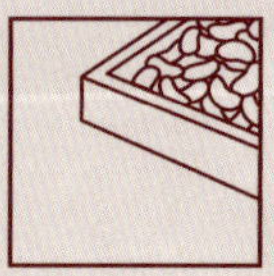

Sonnentrocknung

Nach der Fermentation werden die Kakaobohnen unter freiem Himmel ausgebreitet und mehrere Tage unter ständigem Wenden in der Tropensonne getrocknet, bevor sie nach einer Qualitätskontrolle, in Säcke verpackt, zum Transport bereit sind.

Transport

Die Kakaobohnen werden in großen Jutesäcken per Schiff aus den Anbauländern rund um den Äquator zu den Schokoladeherstellern in alle Welt verschifft.

Bild rechts:
Trockenterrassen in Nicaragua
Bild unten links:
Rohkakao
Bild unten rechts:
Der Rohkakao auf dem Weg in Richtung Europa

In der Schokoladefabrik: Vom Rohkakao zur Schokolade

Anlieferung in der Fabrik

Nach einer ausführlichen Prüfung der Bohnenqualität wird entschieden, welche Kakaobohnensorten für die Herstellung der Schokolade verwendet werden.

Anlieferung & Qualitätskontrolle

Bild unten: Kugelröster

Rösten der Kakaobohnen

Streng nach verschiedenen Sorten getrennt werden die Kakaobohnen nach einer sorgfältigen Reinigung und Siebung in den Röstmaschinen, übereinander angeordnete Gitterroste oder große rotierende Trommeln, mittels Heißluft geröstet.
Bei Lufttemperaturen zwischen 130 und 150 °C entwickeln sich das typische Kakao-Aroma und die endgültige dunkelbraune Farbe der Bohnen. Die Schalen lockern und lösen sich von den Kernen.
Je nach gewünschtem Röstgrad dauert dieser Vorgang 10 bis 35 Minuten.

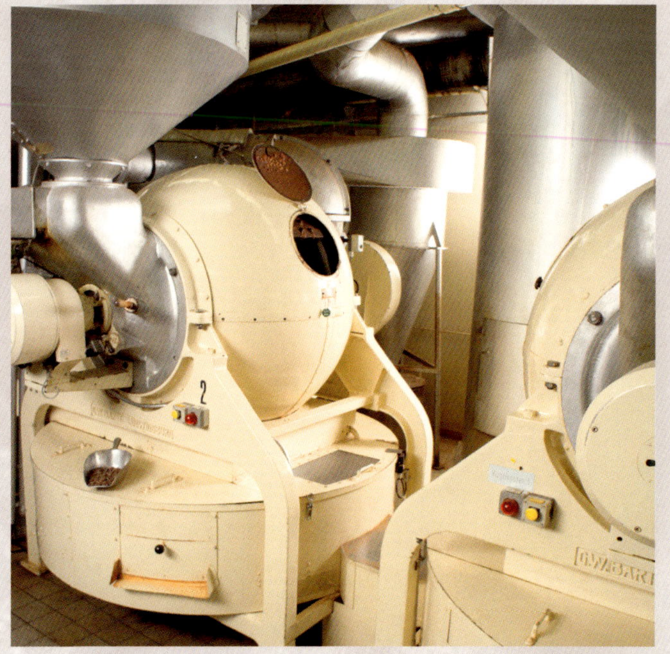

Das Schälen & Brechen

Je nach Rezeptur werden verschiedene Bohnensorten gemischt.

Für die Herstellung von Ritter Sport Schokolade werden nur Bohnensorten von ausgesuchter Qualität verwendet: Kakaobohnen aus Ghana, Nicaragua, Westafrika und Edelkakao aus Madagaskar, Papua-Neuguinea und Ecuador, die sowohl die herbe, die kräftige als auch die fruchtig intensive Kakaonote in sich vereinen.

Nach dem Abkühlen werden die gerösteten Kakaobohnen gebrochen. Dies geschieht in der Brechanlage. Deren starke Riffelwalzen zertrümmern die Bohnen in kleine Stücke – der so genannte Kernbruch, der auch „Nibs" genannt wird, entsteht.

Durch einen kräftigen Luftstrom und mehrere Siebstufen werden gleichzeitig die Schalenteile und auch letzte Unreinheiten vollständig entfernt.

Bild Hintergrund: Geröstete Kakaobohnen
Bild rechts & unten: Kernbruch, „Nibs"
Bild rechte Seite: Kugelmühle

Das Mahlen

Der Kernbruch wird in zwei Schritten in den Vor- und Feinmühlen weiter zerkleinert.
In den Feinmühlen durchläuft das Mahlgut eine rotierende Säule, in welcher sich lauter kleine Metallkügelchen befinden, ein so genanntes Kugelmahlwerk.
Durch die gegenseitige Reibung bei diesem Mahlvorgang wird das Zellgewebe der gebrochenen Kakaokerne aufgerissen.
Aufgrund der beim Mahlen entstehenden Reibungswärme verflüssigt sich die in den Kakaobohnen enthaltene Kakaobutter, und es entsteht eine flüssige, leuchtend dunkelbraune und bereits aromatisch nach Schokolade duftende Masse: die Kakaomasse.

An dieser Stelle trennen sich die Verarbeitungswege, abhängig davon, ob Schokolade oder Kakaopulver hergestellt wird.

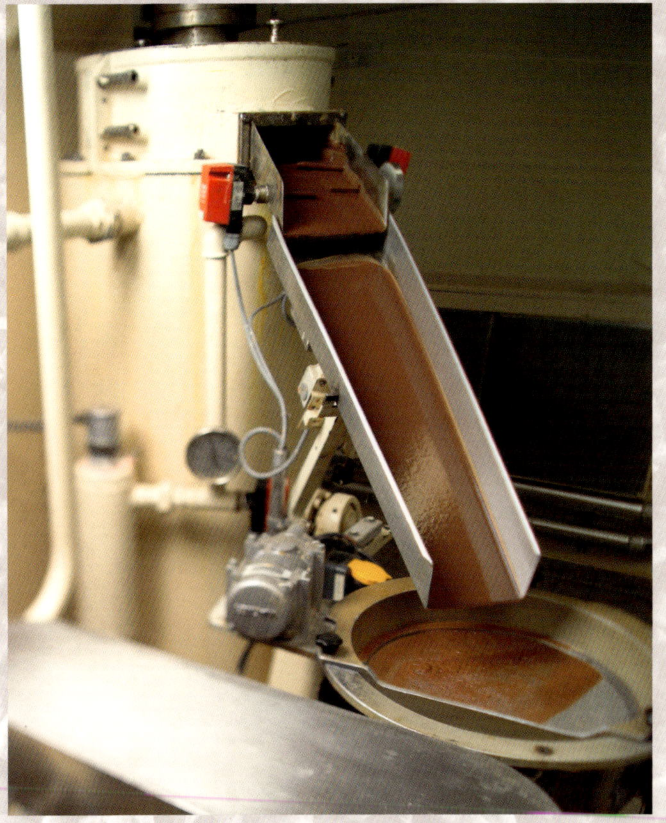

Exkurs: Die Herstellung von Kakaobutter & Kakaopulver

Die flüssige, auf 80 bis 90 °C erwärmte Kakaomasse wird in großen hydraulischen Pressen unter einem Druck von bis zu 900 bar zusammengepresst. Die darin enthaltene Kakaobutter fließt klar und goldgelb ab. Zurück bleibt ein runder, circa 5 Zentimeter dicker so genannter Kakao-Presskuchen. Dieser wird später fein zermahlen und zu Kakaopulver weiterverarbeitet. Die abgepresste Kakaobutter wird für die weitere Verarbeitung gefiltert und in erster Linie für die Herstellung hochwertiger Schokolade verwendet.

Das Mischen

Je nach Rezeptur und Qualität werden der flüssigen Kakaomasse weitere Rohstoffe hinzugefügt. Bei einer handelsüblichen Milchschokolade sind dies die drei Grundzutaten: Kakaobutter, Milchpulver und Zucker.
Im Mischbehälter werden alle Zutaten circa 10 Minuten lang verknetet. Bei gleichmäßiger Erwärmung auf circa 40 °C verbinden sich die pulverförmigen und flüssigen Stoffe zu einer gleichmäßig festen, knetfähigen und feinkörnigen Masse. Diese Schokoladenrohmasse ähnelt geschmacklich schon dem Endprodukt Schokolade, fühlt sich jedoch auf der Zunge aufgrund der Korngröße noch „sandig" an.
Die einzelnen Partikel haben jetzt eine Größe von circa 0,2 Millimeter – sie müssen noch viel feiner werden.

Bild Hintergrund: Blick in den Mischer

von oben nach unten: Kakaomasse Kakaobutter Milchpulver Zucker

Exkurs: Kakaobutter

Im Jahr 2000 wurde von der EU eine Regelung verabschiedet, nach der bis zu 5 Prozent der in Schokolade enthaltenen Kakaobutter durch andere Fette ersetzt werden dürfen, was zu einem Qualitätsverlust der Schokolade führt. Ritter Sport verwendet allerdings keinerlei Austauschfette, sondern nach wie vor 100 Prozent reine Kakaobutter.

Das Walzen & Feinwalzen

Neben der Auswahl und Qualität der Rohstoffe und ihrem ausgeklügelten Mischungsverhältnis spielt der Feinheitsgrad der Schokolade eine sehr wichtige Rolle.

Im ersten Schritt, dem Vorwalzen, werden die Partikel der Schokoladenrohmasse zunächst von zwei gegenläufig rotierenden Walzen mit großem Druck weiter zerkleinert.
Beim Feinwalzen werden fünf übereinander angeordnete schwere Stahlwalzen durch hydraulischen Druck so aneinandergepresst, dass sich die Zwischenräume von Walze zu Walze von unten nach oben immer mehr verengen. Jede der rotierenden Walzen besitzt eine charakteristische Temperatur, welche durch permanente Wasserkühlung im Inneren der hohlen Walze reguliert wird.

Die Schokoladenrohmasse durchläuft von unten nach oben diese sich immer schneller drehenden Walzen. Von der letzten, obersten Walze streift ein Messer das entstandene Feinwalzgut ab: ein fein zermahlenes, flockiges Schokoladenpulver.
Bei diesem Walzprozess werden die Zucker-, Milchpulver- und Kakaoteilchen auf eine Größe von etwa 20 tausendstel Millimeter zerkleinert. Die Qualität des Walzguts wird während des Walzvorgangs ständig kontrolliert.

Bild oben: Fünfwalzwerk
Bild unten: Walzgut

Das Conchieren

Trotz des hohen Feinheitsgrades nach dem Feinwalzen könnten empfindliche Zungen noch immer herb-bittere Geschmacksstoffe in der Schokoladenmasse wahrnehmen. Dies liegt daran, dass sich die einzelnen Bestandteile noch immer nicht vollständig geschmacklich miteinander verbunden haben.

Deshalb wird die Schokoladenmasse einem weiteren, wichtigen Veredelungsprozess unterzogen: dem Conchieren.
Dabei wird die Schokoladenmasse in große beheizte Rührwerke, die Conchen, gefüllt und unter Zugabe der Restkakaobuttermenge nochmals einem kräftigen Knet- und Mischprozess unterzogen.

Die Temperatur der Conche, abhängig von der jeweiligen Schokoladenmasse, und die entstehende Reibungswärme bringen die enthaltene Kakaobutter zum Schmelzen, und aus der feinkrümeligen Masse wird erst eine dick- und später feinflüssige Schokoladenmasse.

Der Feuchtigkeitsgehalt wird auf unter ein Prozent reduziert, unerwünschte Bestandteile verflüchtigen sich, und das gesamte Aroma der enthaltenen Inhaltsstoffe wird erschlossen.
Dieser Veredelungsprozess kann bis zu 24 Stunden dauern.

Blick in die Conche v. l. n. r. nach einer Zeit von: 0h, 4h, 6h, 10h

Das Temperieren & Eintafeln

Nach dem Conchieren wird die circa 45 °C warme Schokoladenmasse in der Temperiermaschine unter ständigem Rühren schrittweise entlang einer festgelegten Temperaturkurve bis auf circa 28 °C abgekühlt. Dies führt später zu einem homogenen, feinkristallinen, wärmestabilen Gefüge der Fettkristalle der Kakaobutter.
Der Oberflächenglanz und selbst das „Knack-Geräusch" beim Zerbrechen der Tafel sind davon abhängig, und die Bildung von Fettreif wird so verhindert.

Im Anschluss an das Temperieren wird die Schokoladenschmelzmasse unter stetigem Rühren wieder langsam auf die optimale Verarbeitungstemperatur, abhängig von der Rezeptur, erwärmt.

Nun ist sie bereit, sich an den Eintafelanlagen in Formen gießen zu lassen.
Die Schokoladenmasse wird in leicht angewärmte Formen gefüllt. Je nach Rezeptur und Sorte ist sie durchmischt mit anderen leckeren Zutaten.
Eine Rüttelstation sorgt für eine gleichmäßige Verteilung der Schokoladenmasse in der Form und entfernt eventuell enthaltene Luftbläschen vollständig.

Im Kühltunnel erstarrt die Schokoladenmasse langsam und zieht sich ein wenig zusammen. So löst sich die Tafel nach dem Wenden der Form problemlos und fällt durch leichtes Klopfen auf ein Transportband, welches die fertigen Schokoladentafeln zu den Verpackungsmaschinen befördert.

Eintafelanlage

Exkurs: Gefüllte Schokolade

Die gekühlte Form wird mit flüssiger Schokoladenmasse gefüllt, anschließend jedoch gewendet, so dass ein Teil der Masse wieder abfließt und nur die äußere, bereits durch Kühlung erstarrte Schicht entlang der Wandungen in der Form zurückbleibt.

In die wieder aufgerichtete, gekühlte und erstarrte Schokoladenhülse wird nun die Füllung dosiert und durch Vibration gleichmäßig darin verteilt.

Im dritten Schritt wird der spätere Boden der Schokoladentafel darübergegossen. Überschüssige Schokoladenmasse wird mit einer Rakel entfernt und der Bodenüberzug geglättet.

Das Verpacken

Von großen Rollen laufen die Verpackungsfolien und die auf einem Fließband befindlichen Schokolade-Quadrate aufeinander zu. Im Bruchteil einer Sekunde schließt sich der geformte Folienschlauch um die Tafeln. Gleichzeitig wird vollautomatisch der praktische Knick-Pack gefaltet und versiegelt. Einen Bruchteil später werden die seitlichen Goldflossen versiegelt und abgeschnitten.

Auf einer einzigen Maschine können so pro Minute circa 380 100 g-Tafeln verpackt werden. Pro Tag durchlaufen circa 2,7 Millionen 100 g-Tafeln die 14 Packmaschinen bei Ritter Sport.

Die verpackten Tafeln werden automatisch in Kartons verpackt. Nun können die leckeren Schokolade-Quadrate den Weg über den Handel zum Verbraucher antreten.

Die moderne, recyclingfähige Ritter Sport Einstoff-Verpackung aus Polypropylen bietet einen optimalen Produkt- und Aromaschutz. Ihr minimales Verpackungsgewicht erlaubt eine signifikante Packstoff-Einsparung im Vergleich zu herkömmlichen Langtafelverpackungen. Zudem garantiert ihre Recyclingfähigkeit eine optimale Wiederverwertung.

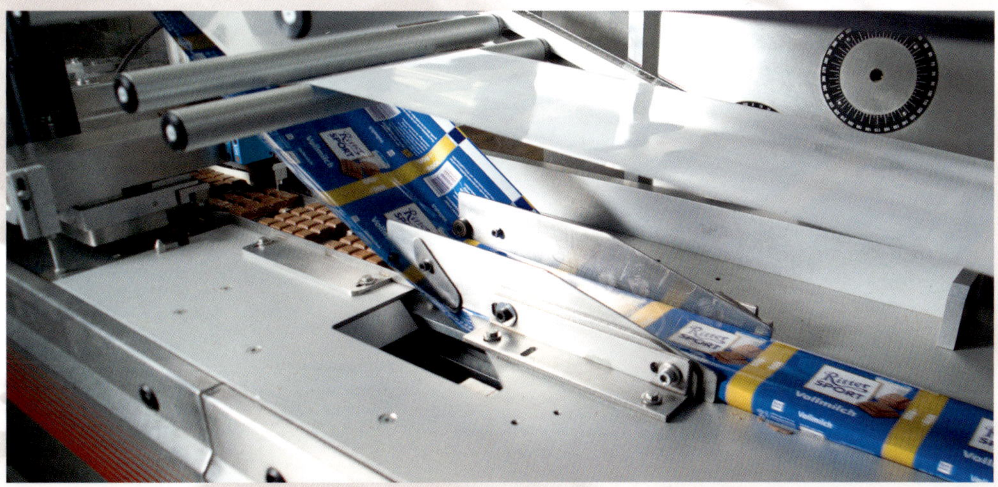

Verpackungsmaschine

Wie entstehen eigentlich neue Sorten?
Zu Besuch in der Versuchsküche von Ritter Sport

Die Gründe, neue Sorten und Produkte zu entwickeln, sind vielfältig, aber unser Hauptantrieb ist das Bestreben, mit der Vielfalt unserer Produkte den individuellen Geschmack der Menschen zu treffen und diese zu begeistern. Bevor jedoch eine neue Sorte auf den Markt kommt, wird in der Produktentwicklung ein halbes Jahr und länger entwickelt, getestet und verbessert. In der Versuchsküche, einem langen Raum mit großer Fensterfront, duftet es intensiv nach Kakao. In den Regalen stehen sauber aufgereiht rund 400 verschiedene Zutaten: die besten aus aller Welt. In echter Handwerkstradition entstehen hier neue Sorten.
Jede ist eine einzigartige, ganz besondere Komposition. Sorgfältig werden neue Zutaten mit verschiedenen Schokoladenmassen kombiniert und zu Tafeln geformt. Drei Prozent mehr Nüsse oder 100 Milligramm weniger Gewürz; in unzähligen Varianten wird in enger Zusammenarbeit zwischen Marketing und Produktentwicklern jede

Auf bis zu 400 verschiedene Zutaten von Apfelcrisp über Erdbeerpulver bis Zimt greift Marianne Burkhardt bei der Entwicklung neuer Sorten zu. Der Phantasie sind keine Grenzen gesetzt – außer dem Geschmack der Kunden natürlich.

Produktentwickler Daniel Ackermann gießt flüssige Schokolade in eine Temperiermaschine. Schon Zehntelgrade mehr oder weniger beeinflussen die späteren Eigenschaften der Schoko-Quadrate: den matten Glanz, ihren zarten Schmelz und den knackigen Bruch.

Mandelsplitter werden per Hand sorgfältig in die Nugatfüllung eingerührt.

Rezeptur so lang fein abgestimmt, bis die Kombination aus Zutaten, Füllungen und Schokolade optimal schmeckt. Hierbei wird kein Aufwand gescheut. Auf der Suche nach der perfekten Harmonie zwischen Schokoladenmasse und Füllung entsteht so manche neue Rezeptur, wie die weiße Magerjoghurt-Schokolade der Ritter Sport Sommersorten, eine echte Innovation auf dem Schokoladenmarkt. Dabei gilt immer das oberste Gebot gemäß der langjährigen Firmentradition: Was draufsteht, muss drin sein, und zwar prall gefüllt! Die Dicke unserer Tafeln erlaubt uns, reichlich mit Füllungen und leckeren Zutaten, zum Beispiel qualitativ hochwertigen großen Nüssen oder ganzen Mandeln, umzugehen. Am Ende jeder Entwicklung steht immer der Kunde. In Verbraucherstudien verkosten ausgewählte Tester die neuen Kreationen und beurteilen sie kritisch. Nur die besten Sorten, die hier bestehen, werden später auch hergestellt. In vielen Versuchen werden Handmuster in der Produktion getestet. Erst wenn alle Details sorgfältig geprüft sind, die Rohstoffe mit konstanter hochwertiger Qualität beschafft werden können und das Produkt gemäß der Qualitätsansprüche von Ritter Sport hergestellt werden kann, wird das Geheimnis gelüftet und die neue Sorte der Öffentlichkeit vorgestellt.

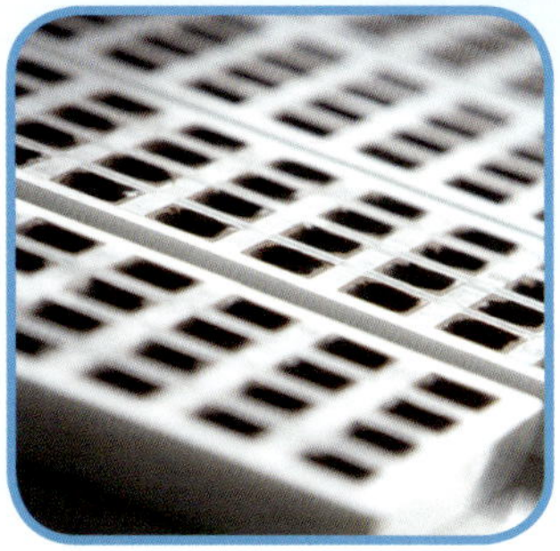

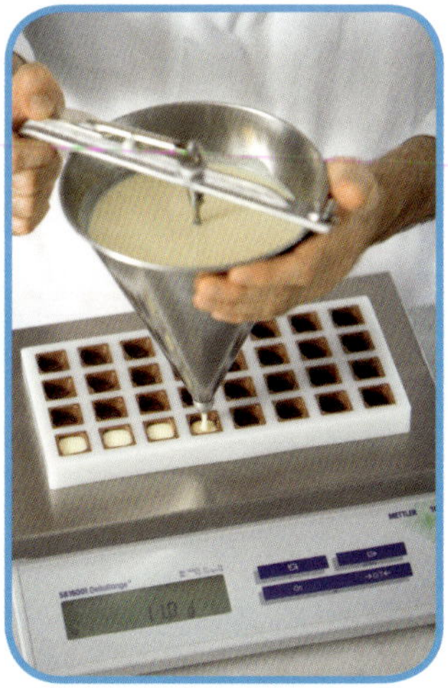

Erdbeerpulver wird genau dosiert und sorgfältig in die Joghurtfüllung eingerührt. Eine Probenform für Ritter Sport Schokowürfel fasst 32 Würfel, in die je genau 3,4 Gramm Füllung gegossen werden.

Kostprobe: Marketing-Experten und Produktentwickler bewerten die neuen Sorten.

Berühmte Schokolade-Liebhaber

Es lebe die Schokolade und der, der sie erfunden hat.
CARLO GOLDONI
Es gibt nichts Besseres als einen guten Freund – es sei denn einen guten Freund mit Schokolade.
Schon allein das Wort Schokolade lässt einem das Wasser im Munde zusammenlaufen.
C. CLAIRBORNE
Neun von zehn Leuten mögen Schokolade. Der Zehnte lügt.
J. Tullius
Ich war vernarrt in heiße Schokolade.
Simone de Beauvoir

Nachrichten aus der Welt der Schokolade

Groß, größer, am größten: Schokoladen-Rekorde aus aller Welt

KURZ UND BÜNDIG

BELGIEN:
Das größte Schokoladen-Osterei

Das größte Schokoladen-Osterei stand 2005 im Pralinenland Belgien. 26 Chocolatiers haben dafür circa 2 Tonnen Schokolade – das entspricht ungefähr 20.000 Tafeln – geschmolzen. Das Riesen-Ei war 8,32 m hoch und 6,39 m breit.

HALLE AN DER SAALE:
Die größte Kuckucksuhr stammt nicht aus dem Schwarzwald

Die Halloren Schokoladenfabrik Halle präsentierte mit einer Höhe von 2,50 m die größte Schokoladen-Kuckucksuhr der Welt. 120 kg Schokolade wurden in über 300 süßen Bauteilen verwendet. Der Kuckuck bestand aus Marzipan.

TURIN:
Die größte Schokoladentafel

Auf der Eurochocolate in Turin präsentierte im Jahr 2000 die Elah-Dufour United Food Companies Ltd. die größte Schokoladentafel der Welt mit einem Gesamtgewicht von 2,28 Tonnen.

BARCELONA:
Eine Schiffsladung Schokolade

1991 präsentierte die Patisserie-Schule Confiteria i Bolleria in Barcelona die größte Schokoladen-Skulptur der Welt: ein spanisches Segelschiff. Das Schiff war 8,5 m hoch, 13 m lang, 2,5 m breit und wog 4 Tonnen.

STUTTGART/WALDENBUCH: Die ganze Welt aus Schokolade
Sie war 21 m lang, 5,4 m hoch und bestand aus 10.368 Tafeln Ritter Sport Schokolade: Mit einer 113 qm großen Weltkarte aus Schokolade begrüßten das Land Baden-Württemberg, Ritter Sport und Edeka auf der Stuttgarter Tourismus-Messe CMT die 32 Teilnehmer-Nationen der Fußball-WM 2006 in Deutschland.

LONDON: *Der teuerste Schokoriegel der Welt*

Ein 100 Jahre alter Schokoriegel wurde im September 2001 im Auktionshaus Christie's für 749 Euro versteigert. Die 10 cm lange Süßigkeit war Teil einer 1.500 Tonnen schweren Ladung Kakao und Schokolade, die der britische Forscher Robert Scott Anfang des vergangenen Jahrhunderts mit in die Antarktis auf seine Expedition zum Südpol nahm. Scott starb 1912 auf dem Rückweg vom Pol. Nur 33 Tage zuvor hatte der Norweger Roald Amundsen als Erster den Südpol erreicht.

Nachrichten aus der Welt der Schokolade

Bemerkenswertes, Überraschendes & Kurioses

DEUTSCHLAND:
Geschlechterunterschied

Die süße Lust ist vor allem bei Frauen sehr ausgeprägt: Laut Statistik braucht das weibliche Geschlecht 22-mal häufiger Schokolade als Männer.

SCHWEDEN: *Ewige Ruhe*

1973 wurde der schwedische Süßwarenfabrikant Roland Ohisson von Falkenberg in einem Sarg aus reiner Schokolade bestattet.

WALDENBUCH: *Ritter Sport*

- Der Jahresbedarf an Haselnüssen für die Sorte Ritter Sport Voll-Nuss aneinandergelegt, ergibt eine Kette von 19.164 km Länge. Das ist nahezu die Hälfte des Erdumfangs.
- In Baden-Württemberg werden pro Jahr ca. 5 Mio. Voll-Nuss-Quadrate genossen. Übereinandergestapelt ergibt dies einen Turm, der 345-mal so hoch ist wie der Stuttgarter Fernsehturm.
- Ein 70 kg schwerer Mann müsste 17 Tafeln Ritter Sport Rum Trauben Nuss essen, um 0,5 Promille Alkohol im Blut zu haben.

ANTWERPEN: *Süßes Weihnachtsgeschenk nach 74 Jahren*

Nach 74 Jahren wurden einem Rentner aus den Niederlanden endlich seine heiß ersehnten Weihnachtswünsche erfüllt. Der Wunschzettel des 1927 siebenjährigen Jungen ging damals verloren. Auf ihm waren acht Wünsche notiert, darunter ein Fahrrad, Schokolade und ein Indianerkostüm. 74 Jahre später entdeckte ein Filmemacher den Wunschzettel auf einem Flohmarkt in Antwerpen. Er machte den Absender ausfindig und überreichte dem überraschten Rentner die gewünschten Geschenke.

DAS BESTE ZUM SCHLUSS

5 Gründe, warum Schokolade besser ist als Sex:

- Schokolade ist leicht zu haben – man kann sie überall kaufen.
- Von Schokolade wird man nicht schwanger.
- Man ist nie zu jung oder zu alt für Schokolade.
- Man kann überall Schokolade genießen, ohne sich Gedanken machen zu müssen, wer gerade dabei zuschaut.
- Man kann allein bestimmen, wann und worauf man Lust hat.

lexikon

Von Alpenmilch ...

... Bis Zucker

„Schokolade ist himmlisch, mild, sinnlich, unergründlich … Schokolade lässt uns sündigen, macht uns gesund, elegant und glücklich."

Elaine Sherman, amerikanische Autorin

SCHOKO-LEXIKON

Alpenmilch
Beliebte Ritter Sport Sorte. Herkunft des →Milchpulvers aus dem Alpenraum (geographischer Ursprung). Diese Sorte hat einen ganz eigenständigen Vollmilchgeschmack. Sie hat eine dezente Kakaonote, eine ausgeprägte Milchnote und wird durch eine Honig-Karamell-Note abgerundet.

Aromaschutz
Aromaschutz hat bei Ritter Sport schon Tradition: Seit vielen Jahren bietet die moderne, recyclingfähige Einstoffverpackung aus Polypropylen einen optimalen Produktschutz für alle Ritter Sport Schokolade-Quadrate. Ihre hohe Dichtigkeit garantiert höchsten Aromaschutz und damit besten Geschmack.

Bitterschokolade
Schokolade mit mindestens 60% Kakaobestandteilen. Sie hat den kräftigsten, aber auch bittersten Schokoladengeschmack. Ritter Sport setzt für seine Sorte Edel-Bitter mit einem Kakaoanteil von 71% einen hohen Anteil der →Edelkakao-Sorte Arriba aus Ecuador ein.

Cashewnüsse
Steinfrucht des bis zu 10 m hohen Cashewbaumes. Die Cashewkerne sind von gelblicher Farbe. Ihre Konsistenz entspricht der von Mandelkernen. Der Geschmack ist etwas süßlich, nach Röstung aromatisch.

Conchieren
Veredelungsprozess in der Schokoladenherstellung mit Hilfe von Conchen (vom span. Concha = Muschel, wegen der ursprünglichen Muschelform des Troges), 1879 erfunden vom Schweizer Schokoladenhersteller Rodolphe Lindt. In den Conchen wird die nach dem Feinwalzen noch feinkrümelige Schokoladenmasse einem kräftigen Knet- und Mischprozess unterzogen. Die entstehende Reibungswärme bringt die enthaltene Kakaobutter zum Schmelzen, und aus der feinkrümeligen Masse wird eine erst dick- und später dünnflüssige Schokoladenmasse. Der Feuchtigkeitsgehalt dieser Masse wird dabei auf unter 1% reduziert, unerwünschte Bitter- und Aromastoffe verflüchtigen sich, und das gesamte Aroma der enthaltenen Inhaltsstoffe wird erschlossen. Dieser Prozess kann bis zu 48 Stunden dauern.

Cornflakes

Verzehrfertige Zubereitung aus Maiskörnern in Flockenform. Die bekannten Frühstückszerealien verbinden sich mit Schokolade zur beliebten Ritter Sport Knusperflakes.

Dextrose

→ Traubenzucker

Diabetikerschokolade

Zur Herstellung von Diabetikerschokolade müssen die für Diabetiker schädlichen Zuckerarten durch unschädliche Zuckerarten wie z. B. Fructose oder Zuckeraustauschstoffe ersetzt werden. Die meistverwendeten Zuckeraustauschstoffe sind Mannit, Sorbit, Xylit, Isomalt (Palatinit), Polydextrose, Laktit und Maltit. Ritter Sport verwendet für die vier leckeren Sorten Diabetikerschokolade den Zuckeraustauschstoff → Maltit.

Edelkakao

Edelkakao wird aus verschiedenen Criollo-Sorten gewonnen. Der vor allem in Venezuela, Ecuador und Java angebaute Criollo gilt als der beste Kakao. Der Anteil an Criollo macht nur etwa 3 % der Welternte aus. Edelkakao wird häufig guten Schokoladen zur Bereicherung des Aromas in kleinen Mengen beigegeben. Nur wenige Schokoladenhersteller bieten Schokoladen aus reinem Criollo an. Diese werden meist mit Sorten- und Herkunftsbezeichnung verkauft, und oft stammen die Kakaobohnen von einer einzigen Plantage.

Emulgator

→ Lecithin

Erdnüsse

Früchte der Erdnusspflanze. Die Pflanze neigt sich nach der Blüte. Dabei gräbt sich die Frucht 5 bis 8 cm in den Boden ein und reift dort aus. In jeder Hülse befinden sich die ölhaltigen Samen.

Fondant

Feinstkristalline, auf der Zunge leicht zergehende Masse mit zartem Schmelz. Hergestellt meist aus → Zucker oder Glukose, auch unter Zusatz von Glukosesirup, Invertzucker oder Sorbit. Durch starkes Kneten und rasches Abkühlen kristallisiert die heiße Kochmasse extrem fein und wird in einen pastösen Zustand überführt. Verwendung als Schokoladen- und Pralinenfüllung. Fondant ist die Basis für die Füllung der Ritter Sport Sorte Pfefferminz. Die Pfefferminz-Füllung enthält zudem Pfefferminzöl.

Fruchtsaftpulver

Getrocknetes Fruchtsafterzeugnis, z. B. aus Zitronen oder Orangen, das in Farbe, Geruch und Geschmack der Fruchtsorte entspricht, aus der es hergestellt wird. Die fruchtigen Füllungen der Ritter Sport Sommersorten enthalten Fruchtpulver.

Glukose

→ Traubenzucker

Glukosesirup

Zuckersirup aus Traubenzucker, Dextrinen (Stärkeprodukten) und Wasser. Verwendet

u. a. für → Marzipan und → Fondants. Verhindert unerwünschtes Auskristallisieren.

Halbbitterschokolade

Schokolade mit einer Gesamtkakaotrockenmasse von mindestens 50 % und einem Kakaobuttergehalt von mindestens 18 %.
Die Geschmacksbezeichnung „zartbitter" ist gleichbedeutend mit der Bezeichnung „halbbitter".

Haselnüsse

Meist rundliche bis längliche Früchte des zur Familie der Birkengewächse gehörenden Haselnussstrauchs. Sie haben einen lieblichen, süßen und reinen Nussgeschmack. Um eine feine und abgerundete Geschmacksnote zu erreichen, werden die Haselnusskerne geröstet. Ganze Haselnüsse werden in der Ritter Sport Voll-Nuss eingesetzt. Fein gemahlene Haselnüsse werden zur Herstellung von Nugat und Krokant verwendet. Die bei Ritter Sport verwendeten handverlesenen so genannten Levantiner Nüsse kommen aus der Türkei. Die ganzen, frisch gerösteten Haselnüsse für die Sorte Voll-Nuss besitzen „Idealmaß": Sie haben einen Durchmesser zwischen 11 und 13 Millimeter.

Haselnussmasse

Pastöse Masse, die durch Feinzerkleinern aus geschälten und gerösteten Haselnüssen ohne Zuckerzusatz hergestellt wird.

Joghurtpulver

Trockenmilcherzeugnis, hergestellt aus mit Joghurtkulturen gesäuerter Milch durch weitgehenden Entzug des Wassers mittels Sprüh- oder Gefriertrocknung.
1970 gelang Ritter Sport mit der weltweit ersten Joghurtschokolade eine Innovation. Joghurtpulver bzw. Magerjoghurtpulver wird sowohl für die Joghurtfüllungen als auch für die Joghurtschokolade, die Schokoladenmasse der Sommersorten, verwendet.
Joghurtpulver enthält alle wichtigen Nährstoffe der Milch. Das Magerjoghurtpulver der Sorte Ritter Sport Joghurt enthält noch lebende Joghurtbakterien.

Kaffee-Schokolade

Schokolade mit Zusatz von Kaffee oder Kaffeeprodukten in einer im Endprodukt deutlich wahrnehmbaren Menge. Eine Schokoladenkomposition mit Instantkaffeepulver wird für die Sorte Ritter Sport Cappuccino verwendet.

Kakaobohnen

Samenkerne der Kakaofrucht. Aus der Kakaobohne werden die → Kakaobutter und die → Kakaomasse gewonnen, die zu den wesentlichen Ausgangsprodukten bei der Schokoladenherstellung gehören. Erst durch das Rösten der Kakaobohnen erhalten diese ihren für die Schokoladenherstellung

gewünschten typischen Geschmack. Das in den Kakaobohnen enthaltene Theobromin, ein koffeinähnliches Alkaloid, hat eine leicht anregende Wirkung.
Die Kakaobohnen werden in zwei Klassen unterteilt, den →Konsumkakao und den →Edelkakao. Ritter Sport verwendet sowohl Edelkakao als auch Konsumkakao, je nach Sorte in spezifischer Mischung.
Für die Ritter Sport Schokolade-Quadrate werden ausgesuchte Bohnensorten von bester Qualität aus Westafrika, Madagaskar, Papua Neuguinea und Ecuador verwendet.

Kakaobutter
Gelbliches Samenkernfett der Kakaobohne. Edles und wertvolles Fett mit ausgeprägtem Aroma. Kakaobutter wird durch Abpressen aus Kakaomasse gewonnen.
Kakaobutter besitzt einen hohen Nährwert und ist geschmacksbestimmend für die Qualität der Schokolade. Sie gibt der Schokolade ihre feine Struktur, den knackigen Bruch, den schönen Glanz und den delikaten, angenehmen Schmelz.
Bei Ritter Sport gilt das „Reinheitsgebot" für Schokolade: In Ritter Sport Produkten werden ausschließlich 100% reine Kakaobutter verwendet, es werden keine Kakaobutteraustauschfette eingesetzt.

Kakaomasse
Halberzeugnis, hergestellt aus →Kakaobohnen durch Reinigen, Rösten, Schälen und Mahlen. Die fein gemahlene Kakaomasse ist ein Grundprodukt für die Schokoladen- und die Kakaobutterherstellung. Ritter Sport setzt fünf verschiedene Kakaomassen ein. Sie ermöglichen eine optimale Geschmacksabstimmung der neun Schokoladenmassen auf die jeweiligen Füllungen und Zutaten und bilden die Basis für den unverwechselbaren Schokoladengenuss.

Knick-Pack
Der Trick mit dem Knick und die Masche mit der Tasche: 1976 revolutionierte Ritter Sport mit dieser bahnbrechenden Erfindung den Schokolademarkt. Einfacher und schneller kann man eine Tafel nicht öffnen: Quadrat umdrehen, an der unteren Rippe knicken, Schokolade entnehmen und genießen. Eben: Quadratisch. Praktisch. Gut.

Konsumkakao
Bei Konsumkakao handelt es sich um Varianten der Sorten Forastero und Trinitario. Der Trinitario ist aus einer Kreuzung von Criollo und Forastero entstanden. Er kommt vor allem aus Zentralamerika, dem nördlichen Südamerika, der Karibik sowie Madagaskar und hat einen Anteil von etwa 12% am Weltanbau. Der Forastero macht mit etwa 85% den überwiegen-

den Teil der Welternte aus und wird vor allem in Westafrika, Brasilien und Asien angebaut. Die daraus produzierten Schokoladen werden in der Regel ohne Hinweis auf die Sorte und die Herkunft der Kakaobohnen verkauft.

Kokosflocken

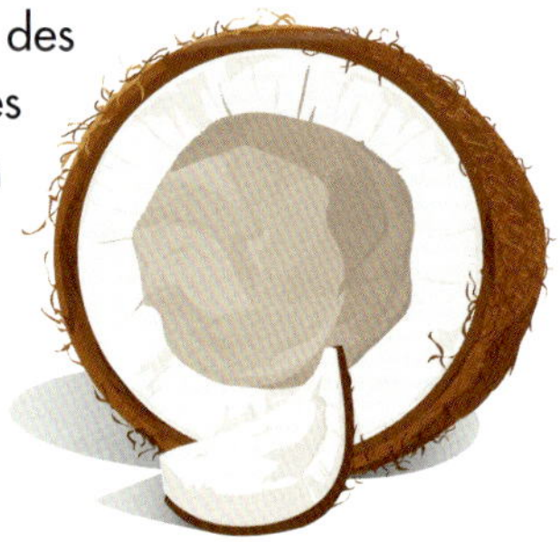

Hergestellt durch Zerkleinern des festen, weißen Fruchtfleisches der frischen Kokosnuss in einer Raspelanlage mit anschließender Trocknung. Die Kokosflocken für die Ritter Sport Cocos kommen aus Indonesien.

Krokant

Erzeugnis aus geschmolzenem, karamellisiertem Zucker und mindestens 20 % zerkleinerten Nüssen oder Mandeln. Charakteristisch sind die oft dunkelbraune Farbe des „gebrannten" Zuckers sowie der Röstgeschmack beider Komponenten. Feinste Zutaten machen die Ritter Sport Schokowürfel Krokant zum besonderen Geschmackserlebnis.

Lactose

→ Milchzucker

Lecithin

Bei Ritter Sport wird ausschließlich pflanzliches Lecithin, welches aus Sojabohnen gewonnen wird, als Emulgator verwendet. Emulgatoren machen die Schokoladenmasse fließfähiger, fördern eine gleichmäßige und innige Verbindung aller Bestandteile und tragen so zum angenehmen Mundgefühl der Schokolade bei.

Magermilchpulver

Trockenmilcherzeugnis, hergestellt aus entrahmter Milch, enthält höchstens 1,5 % Fett und höchstens 5 % Wasser. Weißes bis schwach gelbliches Pulver mit schwach süßlichem, milchigem Geruch und Geschmack.
Wegen des hohen Wassergehaltes von Frischmilch werden in der Schokoladenproduktion keine flüssigen Milchprodukte eingesetzt. Bei der Herstellung von → Milchpulver wird der Milch sämtliche Feuchtigkeit entzogen, die wichtigen Nährstoffe bleiben dabei jedoch erhalten.

Maltit

Maltit ist ein hochwertiger Zuckeraustauschstoff, der aus Stärke, meist aus Mais oder Kartoffeln, über die Zwischenstufe Malzzucker hergestellt wird. Maltit gewährleistet besten Geschmack, besitzt weniger Kalorien als Zucker und Fructose, beeinflusst den Blutzuckerspiegel nur geringfügig und ist deshalb besonders geeignet für Diabetiker. Dank Maltit hat Ritter Sport die erste Diabetikerschokolade entwickelt, die so gut schmeckt, dass sie sich Ritter Sport nennen darf.

Mandel

Steinfrucht des Mandelbaumes. Es gibt sowohl süße als auch bittere Mandelkerne. Süße Mandelkerne werden in der Hauptsache zur

Herstellung von → Marzipan, → Nugat und → Krokant verwendet. Ein geringer Anteil von bitteren Mandelkernen gibt dem Marzipan sein leicht bitteres, unverwechselbares Aroma. Die Mandeln bei Ritter Sport kommen aus dem sonnigen Kalifornien und dem Mittelmeerraum.

Marzipan

Marzipan ist eine Zuckerware und besteht aus Marzipanrohmasse und höchstens der gleichen Gewichtsmenge Zucker. Der Zucker kann teilweise durch Glukosesirup und/oder Sorbit ersetzt werden.
Marzipanrohmasse ist eine aus blanchierten, geschälten süßen Mandeln hergestellte Masse mit höchstens 17 % Feuchtigkeit, zugesetztem Zucker von höchstens 35 % und einem Mandelölgehalt von mindestens 28 % unter Mitverarbeitung einer begrenzten Menge bitterer Mandeln zur Geschmacksabrundung.
Für unsere Ritter Sport Marzipan setzen wir ausschließlich Edelmarzipan ein. Als Edelmarzipan dürfen nur Erzeugnisse von überdurchschnittlicher Qualität bezeichnet werden: Edelmarzipan muss mindestens 70 % Marzipanrohmasse enthalten. Der Zuckeranteil darf 30 % nicht überschreiten.

Milch

→ Milchpulver, → Magermilchpulver, → Vollmilchpulver

Milchpulver

→ Vollmilchpulver

Milchschokolade

Enthält mindestens 25 % Gesamtkakaotrockenmasse, mindestens 2,5 % fettfreie Kakaotrockenmasse, mindestens 14 % Milchtrockenmasse, 3,5 % Milch- und 25 % Gesamtfett sowie höchstens 55 % → Saccharose. Durch die hohen Anteile an Milch und Zucker ist Milchschokolade vor allem bei Kindern beliebt. Ritter Sport setzt in seinen Produkten nur die hochwertigere → Vollmilchschokolade mit mehr Kakao- und Milchbestandteilen ein.

Milchzucker

Milchzucker bzw. Lactose wird aus Molke (→ Molkenpulver) gewonnen und hat 39 % der Süßkraft von Zucker. Lactose hat günstige ernährungsphysiologische Eigenschaften und verbessert die Resorption von Calcium und anderen Mineralstoffen deutlich. Außerdem hat Milchzucker einen positiven Einfluss auf die Darmflora.

Molkenpulver

Pulverförmiges Erzeugnis, das aus Molke gewonnen wird. Molke enthält neben dem biologisch besonders hochwertigen Molkeneiweiß eine Vielzahl an wertvollen Mineralstoffen und Milchzucker. Molkenpulver findet sowohl in Schokolade als auch in Füllungen Verwendung.

Nugat

Zuckerware, hergestellt aus Nugatmasse mit höchstens 50 % Zucker. Bei entsprechender Reduzierung des Zuckeranteils kann Sahne-

oder →Milchpulver zugesetzt werden. Die Nugatmasse ist eine weiche bis schnittfeste Rohmasse aus geschälten Nusskernen, Zucker und Kakaoerzeugnissen. Als Kakaoerzeugnisse werden Kakaokerne, →Kakaomasse, →Kakaobutter, Kakaopulver, Schokoladenpulver, →Schokolade, →Sahneschokolade, →Milchschokolade und →Schokoladenkuvertüre verwendet. Nugat ist ein hochwertiges Erzeugnis für Feinschmecker. Die Ritter Sport Nugat gehört zu den beliebtesten Sorten in der „Bunten Palette".

Nüsse

Das Angebot an Nüssen ist äußerst vielfältig. Nüsse sind hochwertige Lebensmittel, die einen hohen Nährstoffgehalt haben. Sie sind kleine Kraftpakete, die dem Körper durch ihren hohen Fettgehalt hochwertige Energie liefern. Nüsse enthalten einen hohen Anteil an ernährungsphysiologisch erwünschten mehrfach ungesättigten Fettsäuren sowie bestimmten Vitaminen (z. B. Vitamin E). In ihrem relativ hohen Eiweißanteil sind beträchtliche Mengen an essentiellen Aminosäuren enthalten.

Likör

Liköre sind Spirituosen mit Zusatz von Zucker und geschmacksgebenden Stoffen oder Aromen. In Ritter Sport Produkten finden hochwertige Liköre, z. B. Eierlikör, Batida de Coco und Irish Cream, Verwendung.

Pfefferminzöl

Ätherisches Öl, durch Destillation, Extraktion und/oder Pressung aus der Pfefferminzpflanze gewonnen. Farblose bis gelbliche Flüssigkeit, riecht stark aromatisch, schmeckt zuerst minzartig scharf und ist hinterher kühlend. Die kühlende Wirkung beruht auf dem hohen Gehalt an Menthol. Das Pfefferminzöl für die Sorte Ritter Sport Pfefferminz kommt aus Indien und China.

Pflanzenfette/-öle

Pflanzenfette unterscheiden sich von Pflanzenölen dadurch, dass sie bei 20 °C fest oder pastös sind. Sie werden durch Pressen und Extrahieren aus Ölsamen gewonnen. Zur Weiterverarbeitung werden sie in der Regel einem Veredelungsprozess unterzogen.

Quadrat

Das Quadrat, aus dem Lateinischen quadratum, ist eine geometrische Figur mit vier gleichlangen Seiten und vier rechten Winkeln.
Bei Ritter Sport wurde 1932 das Schokolade-Quadrat aus der Taufe gehoben.
Die unverwechselbare Form ist bis heute ein zentraler Markenbaustein der Marke.

Reis-Crisp

Ungesüßtes Knuspererzeugnis mit hoher Bissfestigkeit, das durch Extrusion aus Reismehl hergestellt wird. Reis-Crispies lockern die Schokolade auf und verursachen ein angenehmes Knuspergefühl, z. B. in dem beliebten Ritter Sport Rum Knusperstück.

Reis-Flakes

Kleine, aus gekochtem Reis ausgewalzte Flocken, die anschließend knusprig geröstet werden. In den leckeren Ritter Sport Sommersorten und in der Sorte Weisse Voll-Nuss sorgen Reis-Flakes für das unverwechselbare Knuspergefühl.

Rosinen

→ Sultaninen

Rum

Trinkbranntwein, hergestellt im Wesentlichen aus frischem Zuckerrohr, Zuckerrohrsaft und Zuckerrohrmelasse durch Vergärung und nachfolgende Destillation. Zur Aromaverstärkung erfolgt gelegentlich der Zusatz würzender Pflanzenteile während der Destillation. Das frische Destillat ist farblos, Aroma und Farbe werden durch Lagerung in Holzfässern ausgebaut. Der Mindestalkoholgehalt beträgt 38 Vol.-%, handelsüblich sind meist 40 bis 55 Vol.-%. Ritter Sport verwendet für seine Produkte den traditionellen Jamaika-Rum mit 75 Vol.-% Alkohol, der nach altüberlieferten Rezepturen hergestellt wird.

Saccharose

Chemische Bezeichnung für → Zucker.

Sahnepulver

Trockenmilcherzeugnis, hergestellt aus Sahne oder aus einer Mischung von Milch und Sahne. Enthält mindestens 42 % Fett und höchstens 5 % Wasser. Die Eigenschaften ähneln denen von → Vollmilchpulver.

Sahneschokolade

Enthält eine Gesamtkakaotrockenmasse von mindestens 25 % und eine Milchtrockenmasse von mindestens 14 %. Sie enthält außerdem mindestens 5,5 % Milchfett, fettfreie Milchtrockenmasse von 8,5 % und höchstens 60 % Zucker. Sahneschokolade wird bei der beliebten Sorte Knusperflakes eingesetzt.

Schokolade

Bei der Herstellung von Schokolade werden ausschließlich natürliche Rohstoffe verwendet. Zu den wichtigsten Zutaten gehören → Kakaomasse, → Kakaobutter, → Zucker, → Milch- oder Sahnepulver, Vanillin und → Lecithin. Die europäische Kakaoverordnung legt fest, welche weiteren Lebensmittel bei der Schokoladenherstellung zugesetzt werden dürfen. Dazu gehören z. B. Mandeln, Nüsse und Sultaninen. Wie sich die einzelnen Markenschokoladen zusammensetzen, bleibt das Geheimnis des jeweiligen Herstellers. Durch ausschließlich hochwertige Zutaten und besonders sorgfältige Verarbeitung entsteht bei Ritter Sport Schokolade von höchster Qualität.

Schokoladenkuvertüre

Schokoladen-/Milchschokoladenkuvertüre muss einen Gesamtfettgehalt (aus Kakaobutter und Milchfett) von mindestens 31 % enthalten. Sie wird als Ausgangsprodukt für Überzüge, Pralinen und andere schokoladehaltige Produkte verwendet. Kuvertüre wird meist in Blockform ausgeliefert und muss zur Verarbeitung verflüssigt und temperiert (→Temperieren) werden. Kuvertüre ist in geschmolzenem Zustand meist etwas dünnflüssiger als Schokolade.

Sorbit

Ein Zuckeralkohol, der halb so süß wie →Saccharose schmeckt. Er dient als Weichmacher in Süßwaren, als Frischhaltemittel, als Süßungsmittel für Diabetiker und wird bei Ritter Sport als Feuchthaltemittel in den Trüffelfüllungen eingesetzt.

Sultaninen

Kernlose, getrocknete Früchte der Weinrebe. Besonders wichtiger Rohstoff für die leckeren Ritter Sport Schokoladeprodukte Trauben Nuss und Rum Trauben Nuss. Die saftigen Sultaninen für Ritter Sport reifen in der Sonne Kaliforniens.

Temperieren

Erzeugen von kleinen Kakaobutterkristallen in Schokolade vor der Verarbeitung, damit die Schokolade nach der Verarbeitung, z. B. nach dem Gießen in eine Form, während der anschließenden Kühlung richtig auskristallisiert. Nur korrekt temperierte Schokolade weist einen knackigen Bruch, den typischen Glanz und den richtigen Schmelz auf.

Traubenzucker

(Synonyme: Dextrose, Glukose) Zuckerart, kommt in allen süßen Früchten und im Bienenhonig vor. Traubenzucker wird wegen der schnellen Resorption als Nähr- und Kräftigungsmittel verwendet.

Trüffelsorten & Trüffelfüllungen

Schokoladenähnliche Zubereitung von besonderer Güte aus Schokolade oder →Kakaomasse, Kakaopulver, →Zucker und →Kakaobutter mit Milchfett in Form von Sahne, Kondensmilch und/oder Butter sowie Nüssen, Rum und/oder anderen Spirituosen. Die zarte, buttrig schmelzende Trüffelmasse dient als Füllung für hochwertige gefüllte Schokoladen wie z. B. die Wintersorten von Ritter Sport.

Vollmilchpulver

Kurz Milchpulver genannt. Wegen des hohen Wassergehaltes von Frischmilch werden in der Schokoladenproduktion keine flüssigen Milchprodukte eingesetzt.
Pulverförmige Milcherzeugnisse haben den Vorteil, dass sie aufgrund ihres geringen Wassergehaltes ohne vorherigen Wasserentzug unmittelbar verarbeitet werden können. Vollmilchpulver ist ein aus Vollmilch gewonnenes pulverförmiges Erzeugnis von hellgelbem Aus-

sehen mit einem Fettgehalt von mindestens 26 % in der Trockenmasse. Geruch und Geschmack ähneln dem von → Magermilchpulver. Schmeckt wegen des höheren Fettgehaltes jedoch milchiger und vollmundiger.
Bei der Herstellung wird der Milch sämtliche Feuchtigkeit entzogen, ihre wichtigen Nährstoffe bleiben dabei jedoch erhalten.

Vollmilchschokolade

Höherwertige Variante der → Milchschokolade. Sie enthält mindestens 2,5 % fettfreie Kakaotrockenmasse, mindestens 30 % Gesamtkakaotrockenmasse, mindestens 4,5 % Milchfett, mindestens 18 % Milchtrockenmasse und mindestens 25 % Gesamtfett. Der Zuckeranteil darf 50 % nicht übersteigen.

Weisse Schokolade

Schokoladenerzeugnis. Enthält mindestens 20 % Kakaobutter, mindestens 3,5 % Milchfett, insgesamt mindestens 14 % Milchtrockenmasse und höchstens 55 % Zucker. Wegen des Fehlens fettfreier Kakaobestandteile ist weiße Schokolade gelblich weiß.
Eine echte Schokoladeninnovation war die weiße Magermilch-Joghurtschokolade von Ritter Sport, die für die Sommersorten verwendet wird. Der weißen Schokolade wird Joghurtpulver zugegeben. Dies macht die Ritter Sport Sommersorten zu einem leichten, frischen Sommergenuss.

Zitronensäure

Wichtige organische Säure in Früchten sowie im menschlichen und tierischen Stoffwechsel. Sie wird meist auf mikrobiologischem Wege hergestellt, mitunter aber auch aus Zitronen gewonnen. Zitronensäure besteht aus farblosen Kristallen und ist von rein saurem Geschmack. Sie kommt z. B. zur feinen Abstimmung der Säurenote in den Füllungen der Ritter Sport Sommersorten zum Einsatz.

Zucker

Süß schmeckendes, in der Natur vielseitig vorkommendes Kohlenhydrat. Zucker spielt in der Ernährung des Menschen eine wichtige Rolle. Man unterscheidet zwischen dem aus Zuckerrüben oder aus Zuckerrohr gewonnenen Rüben- bzw. Rohrzucker. Die Qualität des Zuckers wird nach Süßkraft, Löslichkeit und Reinheit beurteilt. Daneben spielen Farbe, Größe und die äußere Form der Kristalle eine Rolle.
Bei der Zuckerherstellung aus Rüben werden diese gewaschen, geschnitzelt und mit heißem Wasser extrahiert. Der so gewonnene Rohsaft wird nach dem Reinigen eingedickt und der Zucker auskristallisiert. Durch Umkristallisation (Auflösen und wieder Auskristallisieren) wird der Weißzucker gewonnen.

rezepte

„Gekrönt von einem Sahnehäubchen ist eine dampfende Tasse heißer Schokolade der perfekte Tagesbeginn. Und abends vor dem Einschlafen gibt es nichts Besseres, um süß zu träumen."

Sara Perry, amerikanische Autorin

GRUNDREGELN FÜR DAS KOCHEN MIT SCHOKOLADE

In welcher Form auch immer – Schokolade ist eine Köstlichkeit. Wir haben für Sie eine vielfältige Mischung an Schokoladen-Rezepten zusammengestellt. Nicht nur Süßes, denn im Gegensatz zur hiesigen Küche hat Schokolade in anderen Ländern auch bei herzhaften Gerichten lange Tradition. Deshalb finden Sie hier auch außergewöhnliche Rezepte, die vielleicht anfangs etwas ungewohnt klingen mögen, aber hervorragend schmecken: mal klassisch süß, mal scharf, mal pikant; ob als Getränk, Vorspeise, Suppe, Hauptgericht, Dessert oder Gebäck. Ganz exklusiv hat der Stuttgarter 2-Sterne-Koch Bernhard Diers einige Rezepte eigens für dieses Schokoladenbuch kreiert. Die meisten Rezepte lassen sich schnell und einfach zubereiten. Probieren Sie's aus – Genuss ist garantiert.

Natürlich lieben Kinder Schokolade, daher wird eine Vielzahl der Rezepte auch Ihren Kindern schmecken. Einige Gerichte sind allerdings für den Kinder-Geschmack vielleicht etwas ungewöhnlich oder scharf. Deshalb finden Sie im hinteren Teil eine spezielle Auswahl an Gerichten, die mit Sicherheit jedem Kind schmecken werden und die außerdem auch so einfach zuzubereiten sind, dass auch die Kleinen zu ganz großen Schokoladen-Köchen werden.

Die Zutaten

Was für die Herstellung von Schokolade gilt, trifft auch auf die Zubereitung von leckeren Gerichten zu: Nur sorgfältig ausgewählte Zutaten führen zum besten Ergebnis und zum perfekten Genuss. Achten Sie daher auf die Qualität und Frische der einzelnen Zutaten.

Ritter Sport Schokolade

Bei allen Rezepten ist angegeben, welche Ritter Sport Sorte sich am besten für die Zubereitung eignet. Gerade bei den herzhaften Fleischgerichten sollte möglichst eine Schokolade mit hohem Kakaoanteil und wenig Zucker, z. B. die Ritter Sport Edel-Bitter (mit 71 % Kakaoanteil) verwendet werden. Allerdings hat ja jeder Mensch seinen persönlichen Geschmack – sollte Ihnen also diese Sorte zu herb schmecken, können Sie die Rezepte alternativ mit der Sorte Ritter Sport Halbbitter zubereiten.

Generell sind Ihrer Phantasie natürlich keine Grenzen gesetzt – probieren Sie es einfach aus. Viel Spaß dabei.

Maße und Einheiten

Für die Angaben der Zutaten wurden die üblichen Maßeinheiten und Abkürzungen verwendet.

- Angaben für Flüssigkeiten in Milliliter (ml), Deziliter (dl), Liter (l).
- Mengenangaben in Stück oder in Gramm (g), bei kleineren Mengen auch in Teelöffeln (Tl), Esslöffeln (El) oder Prisen.
- Backzeit und Backtemperatur: Jeder Backofen ist anders – die angegebenen Werte sind also Richtwerte. Die Temperaturen beziehen sich auf normale Unter- und Oberhitze. Bei Umluft ziehen Sie einfach 20 °C ab.

Umrechnungstabelle Stück – Gramm

Diese Tabelle erleichtert Ihnen die Umrechnung von Ritter Sport Schoko-Stücken in Gramm-Angaben.

1	Stück	=	6,25 g	9	Stück	=	56,25 g
2	Stück	=	12,5 g	10	Stück	=	62,5 g
3	Stück	=	18,75 g	11	Stück	=	68,75 g
4	**Stück**	**=**	**25 g**	**12**	**Stück**	**=**	**75 g**
5	Stück	=	31,25 g	13	Stück	=	81,25 g
6	Stück	=	37,5 g	14	Stück	=	87,5 g
7	Stück	=	43,75 g	15	Stück	=	93,75 g
8	**Stück**	**=**	**50 g**	**16**	**Stück**	**=**	**100 g**

Das Schmelzen von Schokolade

Um Schokolade für die folgenden Rezepte zu verwenden, wird sie meist vorher geschmolzen. Damit Schokolade gleichmäßig und schnell schmelzen kann, sollte sie grob zerkleinert oder gehackt werden.

Das Schmelzen im Wasserbad

Einen Topf zu 3/4 mit Wasser füllen, auf ca. 60 °C erhitzen und vom Herd nehmen. Einen kleineren Topf oder eine Metallschüssel mit der gehackten Schokolade ins Wasserbad stellen, so dass der Boden nicht berührt wird. Während des Schmelzvorgangs ab und zu mit einem trockenen Löffel umrühren. Die geschmolzene Schokolade darf nicht zu heiß werden: dunkle Schokolade bis ca. 55 °C, hellere Sorten bis ca. 45 °C. Je nach Rezept können weitere Zutaten, wie z. B. Butter, gleich mit der Schokolade geschmolzen werden.

Achtung: Das Wasser darf nie kochen, damit die Schokolade nicht zu heiß wird oder mit spritzenden Tropfen in Berührung kommt.

Das Schmelzen in der Mikrowelle

In der Mikrowelle schmelzen 100 g dunkle Schokolade bei 600 Watt Leistung in ca. 2 Minuten. Anschließend gut umrühren.

Temperieren
Zum Überziehen oder Dekorieren muss man Schokolade temperieren. Dabei wird die Schokolade zunächst geschmolzen, dann wieder abgekühlt und nochmals erhitzt, damit sie später in vollem Glanz erstrahlt. Ein Koch-Thermometer hilft dabei, die richtige Temperatur im Auge zu behalten.

Nach dem Schmelzen, wie auf Seite 75 beschrieben, wird die flüssige Schokolade auf unter 30 °C abgekühlt. Dabei wird die Schokoladenmasse deutlich dickflüssiger. Zum Temperieren eignen sich zwei Methoden.

• Die Tablier-Methode: Die Hälfte der geschmolzenen Schokolade wird auf einer glatten sauberen Fläche (Arbeitsplatte oder Backblech) mit einem Spatel so lang hin- und hergestrichen, bis sie fest zu werden beginnt. Dann wird sie wieder zur übrigen Schokolade hinzugefügt und untergerührt.

• Die Impf-Methode: Beim Impfen behält man vor dem Schmelzen ca. 1/3 der zerkleinerten Schokolade zurück. Diese wird nach dem Schmelzvorgang in die geschmolzene Masse eingerührt, dabei kühlt diese ab.

Nach dem Abkühlen wird die Schokolade im Wasserbad wieder langsam auf 30 bis 32 °C erhitzt und kann dann nach Wunsch verarbeitet werden.

Schokolade in Teigen
Um Schokolade in Teigen und Massen zu verarbeiten, muss sie nur geschmolzen werden. Das Temperieren ist hier nicht nötig, da Glanz und Schmelz im Endprodukt keine Rolle spielen.
Wichtig ist, dass alle weiteren Zutaten mindestens Zimmertemperatur haben. Nach dem Mischen sollten alle darauf folgenden Arbeitsschritte zügig ausgeführt werden, da die Masse sonst wieder fest wird.

Dekorieren
Das Verzieren mit Kakaopulver ist eine einfache und schnelle Methode. Verwenden Sie am besten dunklen, schwach entölten Kakao.
Mit Hilfe von Schablonen lässt sich einfach und schnell etwas Besonderes zaubern. Als kleine Beigabe finden Sie im hinteren Buchdeckel eine Schablone mit verschiedenen Motiven zum Verzieren und Dekorieren für jeden Anlass: ob für Kakaopulver auf dem Cappuccino, Puderzucker auf dem Schokoladenkuchen oder eine feine Schokoladenglasur. Probieren Sie's aus.

Rezeptverzeichnis
Auf den Seiten 108 und 109 finden Sie ein Rezeptverzeichnis zum Nachschlagen aller Rezepte, sowohl in alphabetischer als auch in thematischer Ordnung.

Weitere Rezepte finden Sie bald unter: www.ritter-sport.de

drinks
cocktails
HOT
chocolate
Shakes
S
H
K
O

AZTEKEN-TRINKSCHOKOLADE

MIT RITTER SPORT HALBBITTER ODER EDEL-BITTER

Eine Trinkschokolade wie bei den Azteken: scharf, anregend und - wenn man dem Glauben schenken mag - aphrodisierend.

Zutaten:

500 ml Milch
1 Stück Ingwer, ca. 2 cm, geschält und geviertelt
2 Vanilleschoten
25 g Ritter Sport Edel-Bitter
1-2 Prisen Chili
Brauner Zucker oder Honig

Zum Dekorieren:
50 ml Schlagsahne
1 Prise Zimt

Tipp:
Statt der Vanilleschote kann auch Bourbon Vanillezucker verwendet werden.
Zum Süßen 2 El Agavensirup in die heiße Schokolade einrühren.

Portionen: 2
Zeitbedarf: 15 min

Zubereitung:

- Vanilleschoten längs halbieren und das Mark herauskratzen.
- Die Milch mit den Vanilleschoten, dem Vanillemark und dem zerkleinerten Ingwer aufkochen und ca. 10 Minuten ziehen lassen. Ingwer und Vanilleschoten herausnehmen.
- Schokolade zerkleinern, hinzufügen, unter Rühren nochmals aufkochen und die Schokolade dabei vollständig schmelzen. Mit Chili je nach gewünschter Schärfe abschmecken und nach Wunsch mit braunem Zucker oder Honig süßen.
- Auf zwei Gläser verteilen und mit einem Klecks frisch geschlagener Sahne und einer Prise Zimt dekorieren. Heiß servieren.

RITTER SPORT TRINKSCHOKOLADE

MIT RITTER SPORT VOLLMILCH, NUGAT ODER HALBBITTER

Zutaten:

500 ml Milch
25 g Ritter Sport Schokolade, je nach Geschmack Nugat, Vollmilch oder Halbbitter

Zum Dekorieren:
50 ml Schlagsahne

Portionen: 2
Zeitbedarf: 10 min

Zubereitung:

- Milch und zerkleinerte Schokolade unter Rühren erhitzen und kurz aufkochen.
- Auf zwei Gläser verteilen und mit einem Klecks frisch geschlagener Sahne dekorieren. Heiß servieren.

Tipp:
Probieren Sie doch auch einmal andere Ritter Sport Sorten aus.

SCHOKO-MINT-SHAKE

MIT RITTER SPORT PFEFFERMINZ

Zutaten:

500 ml Milch
4–5 Eiswürfel
40 g Ritter Sport Pfefferminz

Zum Dekorieren:
Frische Minze

Portionen: 2
Zeitbedarf: 5 min

Zubereitung:

- Schokolade zerkleinern. Alle Zutaten in einem Mixer glatt pürieren. Mit frischer Minze dekorieren und servieren.

Tipp:
Auf Wunsch eine Kugel Vanilleeis ins Glas geben und mit Schlagsahne dekorieren.

SCHOKO-MARTINI

MIT RITTER SPORT HALBBITTER ODER EDEL-BITTER

Zutaten:

Kakaopulver für den Glasrand
2 El Gin für den Glasrand
100 ml Gin
40 g Ritter Sport Edel-Bitter
200 ml Wermut, trocken

Zum Dekorieren:
4 Zimtstangen

Tipp:
Wenn Sie keinen Cocktail-Shaker haben, können Sie den Martini auch vorbereiten und im Eisfach kühlen.

Portionen: 4
Zeitbedarf: 15 min plus Kühlzeit

Zubereitung:

- Kakaopulver großzügig auf eine Arbeitsplatte streuen. Gin auf einen flachen Teller geben.
- 4 Martinigläser zuerst in den Gin eintauchen und, ohne das Glas zu drehen, in das Kakaopulver dippen, so dass ein Kakaorand entsteht.
- Schokolade zerkleinern, mit dem Gin erwärmen und unter Rühren vollständig schmelzen. Wermut unterrühren.
- Mit reichlich zerstoßenem Eis in einen Cocktail-Shaker geben und kräftig schütteln.
- Vorsichtig in die Gläser füllen und mit je einer Zimtstange dekoriert servieren.

ORANGEN-SCHOKOLADE

MIT RITTER SPORT HALBBITTER ODER EDEL-BITTER

Zutaten:

1 Vanilleschote
1 l Milch
100 g Ritter Sport Edel-Bitter
30 g Zucker
1 Orange, Saft
2 El Orangenlikör

Zum Dekorieren:
50 ml Sahne
Schoko-Raspeln
Orangenschale, ungespritzt

Zubereitung:

- Vanilleschote längs halbieren und das Mark herauskratzen.
- Die Milch mit der Vanilleschote und dem Vanillemark aufkochen und ca. 10 Minuten ziehen lassen. Vanilleschote herausnehmen.
- Milch vom Herd nehmen. Schokolade zerkleinern, mit dem Zucker zur Milch geben und unter Rühren vollständig auflösen.
- Orangensaft in einen kleinen Topf geben und auf ca. 2/3 reduzieren. Saft und Orangenlikör zur Schokolade geben.
- Die heiße Schokolade in große Gläser füllen, mit einem Klecks frisch geschlagener Sahne, etwas geriebener Orangenschale und Schoko-Raspeln dekorieren.

Portionen: 4–5
Zeitbedarf: 15 min

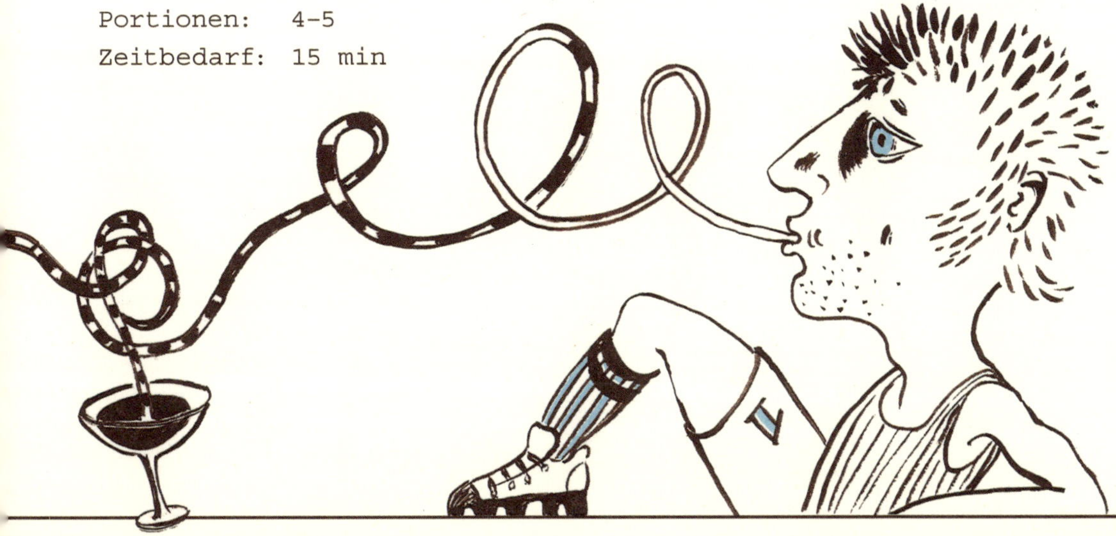

Tipp:
Die Orangenschokolade schmeckt auch Kindern, wenn Sie den Likör weglassen.

-haft
&
scharf

KARTOFFEL-CREMESUPPE MIT CHILI & WEISSER NUSS-SCHOKOLADE

MIT RITTER SPORT WEISSE VOLL-NUSS

Zutaten:

500 g Kartoffeln
1 Zwiebel
500 ml Geflügelfond
300 ml Milch
100 ml Schlagsahne
50 ml Weißwein
Salz & Pfeffer aus der Mühle
1 Chili-Schote rot
100 g Ritter Sport
Weisse Voll-Nuss
1 Prise Zucker

Zum Dekorieren:
50 ml Schlagsahne
1/2 Chili-Schote rot

Zubereitung:

- Die Kartoffeln schälen, in Würfel schneiden und in kaltem Wasser aufbewahren.
- Zwiebel fein würfeln und in Butter andünsten. Chili-Schote waschen, entkernen, fein hacken und mitdünsten. Kartoffel-Würfel abtropfen, hinzufügen und 10 Minuten dünsten. Mit Weißwein ablöschen und ca. 10 Minuten auf kleiner Flamme kochen lassen. Geflügelfond und Milch angießen, weitere 10 Minuten köcheln.
- Die Suppe fein pürieren, Sahne und zerkleinerte Schokolade einrühren. Mit Salz, Pfeffer und evtl. Zucker abschmecken.
- Chili-Schote waschen, entkernen und in hauchdünne Streifen schneiden. Die Suppe mit einem Klecks frisch geschlagener Sahne und den Chili-Streifen anrichten.

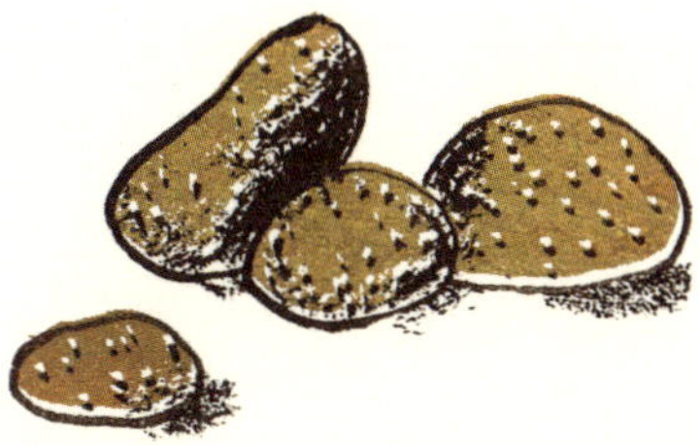

Portionen: 4-6
Zeitbedarf: 40 min

CARPACCIO VOM RINDERFILET MIT SCHOKOLADEN-BALSAMICO-VINAIGRETTE

Ein Rezept von 2-Sterne-Koch Bernhard Diers

MIT RITTER SPORT HALBBITTER

Für das Carpaccio:

240 g sehnenfreies Rinderfilet
Salz & Pfeffer aus der Mühle

Für die Vinaigrette:

50 ml Balsamico-Essig
40 g Zucker
10 g Ritter Sport Halbbitter
2 Prisen Salz
Pfeffer aus der Mühle
1 Tl Öl
evtl. etwas Johannisbeersaft

Portionen: 4
Zeitbedarf: 30 min

Zubereitung:

Vinaigrette

- Balsamico mit dem Zucker verkochen, den Topf vom Herd nehmen, die zerkleinerte Schokolade beigeben und unter ständigem Rühren schmelzen lassen. Mit Salz und Pfeffer abschmecken.

Carpaccio

- Bevor man mit dem Rinderfilet beginnt, sollten vier Teller vorbereitet werden. Die Teller mit einem leichten Olivenöl einpinseln und mit wenig Salz und Pfeffer aus der Mühle bestreuen.
- Das Rinderfilet in grobe Würfel schneiden. Jeden Würfel für sich zwischen zwei Folien legen und mit einem flachen Eisen hauchdünn klopfen.
- Diese dünnen Rinderfiletscheiben auf den vorbereiteten Tellern auslegen. Mit der Schokoladen-Vinaigrette bepinseln und sofort servieren.

Tipp von 2-Sterne-Koch Bernhard Diers:
Die Vinaigrette sollte man so frisch wie möglich zubereiten und direkt verwenden. Wenn die Vinaigrette zu dick ist, weil sie schon abgekühlt ist, nochmals kurz erwärmen oder etwas warmen Johannisbeersaft zugeben.

SCHOKO-SPÄTZLE-SALAT MIT HASELNÜSSEN & GEBRATENEM REHRÜCKEN

Ein Rezept von 2-Sterne-Koch Bernhard Diers

MIT RITTER SPORT EDEL-BITTER

Zutaten:

Für die Schoko-Spätzle:
3 Eier
8 Eigelb
200 g Weizenmehl, gesiebt
3 El Hartweizengrieß
120 g Ritter Sport Edel-Bitter
Salz

Für den Rehrücken:
240 g Rehrücken, ausgelöst
Butter zum Anbraten
Salz & Pfeffer aus der Mühle

Für die Vinaigrette:
Salz & Pfeffer aus der Mühle
3-4 El Spätzle-Kochwasser
1 El Balsamico-Essig
2 El Walnussöl
2 El Traubenkernöl

Zum Dekorieren:
1 Orange, Filets
16 Weintrauben, halbiert
16 halbe Walnüsse
einige Feldsalatröschen

Portionen: 4
Zeitbedarf: 40 min

Zubereitung:

Schoko-Spätzle

- Schokolade hacken und im Wasserbad schmelzen.
- Eier in eine Schüssel geben, mit der geschmolzenen Schokolade verrühren, mit Salz abschmecken, Grieß und Mehl unterheben und kräftig aufschlagen.
- Den Teig dünn auf ein Spätzlebrett auftragen und schmale Spätzle ins kochende Salzwasser schaben.
- Sobald die Spätzle oben schwimmen, diese mit einem Schöpflöffel herausnehmen und kurz zum Abschrecken in kaltes Wasser geben. Nach ein bis zwei Minuten die Spätzle abgießen und auf einem Küchenteller bis zur weiteren Verwendung aufbewahren.

Rehrücken

- Den Rehrücken in schäumender Butter allseitig anbraten. Auf ein Küchengitter legen und in dem auf 90 Grad vorgeheizten Ofen ca. 15 bis 20 Minuten garen. Anschließend den Rehrücken an einem warmen Ort ca. 10 Minuten ruhen lassen.
- Die Spätzle mit der Vinaigrette abschmecken. Orangenfilets, Walnüsse und Weintrauben unter die marinierten Spätzle heben.
- Den Rehrücken kurz in schäumender Butter nachbraten und in 16 dünne Scheiben schneiden.
- Abwechselnd den Spätzle-Salat mit dem gebratenen Rehrücken locker auf einem Teller arrangieren. Mit Feldsalatröschen dekorieren und servieren.

SCHOKOLADEN-RISOTTO MIT KAFFEELIKöR

MIT RITTER SPORT HALBBITTER ODER EDEL-BITTER

Zutaten:

450 ml Milch
15 g Zucker
125 g Risotto-Reis
(z. B. Arborio)
4 El Kaffeelikör
150 g Ritter Sport Edel-Bitter

Zum Dekorieren:
Crème fraîche
15 g Schokoladenkaffeebohnen,
zerstoßen

Zubereitung:

- Die Milch und den Zucker in einem großen Topf erhitzen. Kurz vor dem Aufkochen den Reis einstreuen. Auf kleiner Flamme ca. 15 Minuten köcheln lassen, dabei oft umrühren, bis der Reis cremig, aber noch körnig ist. Eventuell heiße Milch hinzufügen, wenn der Risotto zu trocken wird.
- Die Schokolade grob hacken. Die Hälfte der Schokolade in den Risotto rühren, bis sie vollständig geschmolzen ist. Likör hinzufügen. Restliche Schokolade zügig unterrühren.
- Risotto in kleine Schüsseln geben. Mit den zerstoßenen Kaffeebohnen bestreuen und mit Crème fraîche servieren.

Portionen: 4
Zeitbedarf: 35 min

Tipp:
Wenn Kinder mitessen, den Likör selbstverständlich weglassen. Probieren Sie den Risotto doch auch mal mit Ritter Sport Rum Trauben Nuss.

SCHOKOLADEN-NUDELTEIG

Ein Rezept von 2-Sterne-Koch Bernhard Diers

MIT RITTER SPORT HALBBITTER

Zutaten für 8 Portionen:

175 g Hartweizengrieß
165 g Weizenmehl, gesiebt
20 g Puderzucker
1 Prise Salz
1 Vanilleschote, Mark
90 g Ritter Sport Halbbitter
2 Eier
2 Eigelb
2–3 Tl Pflanzenöl

Zeitbedarf: 15 min
plus 1–2 h Ruhezeit

Zubereitung:

- Schokolade im Wasserbad schmelzen, Eier und Öl nach und nach beigeben und kräftig verrühren.
- Hartweizengrieß, Weizenmehl, Puderzucker, Salz und Vanillemark vermischen und mit der Schokoladenmasse einen glatten Teig herstellen.
- In Folie schlagen und an einem kühlen Ort 1 bis 2 Stunden ruhen lassen.

Tipp von 2-Sterne-Koch Bernhard Diers:
Nudelteig lässt sich gut vorbereiten, mehrere Tage im Kühlschrank aufbewahren und auch einfrieren.

SCHOKOLADEN-TAGLIATELLE MIT HONIG & PISTAZIEN

MIT RITTER SPORT HALBBITTER

Zutaten:

Schokoladen-Nudelteig
(1/2 Menge, vorbereitet)

4 El Honig
4 El Pistazien, gehackt

Portionen: 4
Zeitbedarf: 15 min

Zubereitung:

- Salzwasser in einem Topf zum Kochen bringen.
- Nudelteig portionsweise auf einer bemehlten Arbeitsfläche dünn auswalzen und in ca. 1 cm breite Streifen schneiden. Im kochenden Salzwasser 2 bis 3 Minuten al dente kochen.
- Pasta abgießen und auf Tellern verteilen. Jede Portion großzügig mit Honig beträufeln und mit Pistazien bestreuen. Sofort servieren.

CHILI CON CARNE - DER PARTYKLASSIKER

MIT RITTER SPORT HALBBITTER ODER EDEL-BITTER

Zutaten:

2-3 frische Chili-Schoten, scharf
500 g Paprika, rot
150 g Speck, durchwachsen
2 Zwiebeln
600 g Hackfleisch vom Rind
100 g Tomatenmark, 3-fach konzentriert
500 ml Rotwein
3 Zehen Knoblauch
1 Dose Kidney-Bohnen, ca. 500 ml
1/3 Muskatnuss, gerieben
1 Tl Kreuzkümmel
1 Tl Oregano
100 g Ritter Sport Edel-Bitter

Zubereitung:

Beim Schneiden scharfer Chili-Schoten empfiehlt es sich, Gummihandschuhe zu tragen.

- Zwiebeln hacken. Speck würfeln. Chili-Schoten und Paprika waschen, entkernen und fein würfeln.
- Alles in einem großen Topf in Öl andünsten. Hackfleisch hinzufügen und anbraten. Tomatenmark zufügen und kurz mitdünsten. Mit 250 ml Rotwein ablöschen und zugedeckt bei mittlerer Hitze ca. 20 Minuten kochen.
- Knoblauch fein hacken. Knoblauch, Bohnen, 250 ml Rotwein und Gewürze zugeben und weitere 15 Minuten kochen lassen.
- Schokolade grob hacken und hinzufügen, gut verrühren und nochmals 5 Minuten kochen. Umrühren und servieren.

Tipp:
Wer's nicht so scharf mag, kann die Chili-Schoten auch durch mittelscharfe Peperoni ersetzen. Dazu passt frisches Weißbrot.

Portionen: 6
Zeitbedarf: 65 min

SPANISCHES RINDSRAGOUT MIT SCHOKOLADE

MIT RITTER SPORT HALBBITTER ODER EDEL-BITTER

In der spanischen Esskultur haben Kakao und Schokolade Tradition. Kein Wunder, waren doch die Spanier die ersten Europäer, die in den Genuss der - damals freilich noch ausschließlich flüssigen - Süßigkeit kamen.

Zutaten:

2 El Butterschmalz oder Öl
800 g Rindsragout
150 g Speck, durchwachsen
6 Zehen Knoblauch
5 El Mehl
50 ml Sherry, trocken
300 ml Rotwein
400 ml Rinderbrühe
1 Dose geschälte Tomaten (groß)
1/2 Orange, ungespritzt
1/2 Stange Zimt
1 Lorbeerblatt
2 Tl frischer Thymian
500 g kleine Zwiebeln
50 g Ritter Sport Edel-Bitter
Salz & Pfeffer aus der Mühle

Zubereitung:

- Das Fleisch in heißem Butterschmalz kräftig von allen Seiten anbraten. Speck würfeln, Knoblauch fein hacken. Beides zugeben und etwa 5 Minuten schmoren. Mehl darüberstäuben, kurz mitrösten. Mit Sherry, Rotwein und Brühe ablöschen. Tomaten, Orange und Gewürze zugeben und zugedeckt bei schwacher Hitze ca. 30 Minuten köcheln.
- Zwiebeln schälen, vierteln, hinzufügen und weitere 30 Minuten schmoren.
- Orange kurz ausdrücken und samt der Zimtstange und dem Lorbeerblatt herausnehmen.
- Schokolade hacken und hinzufügen. Unter Rühren vollständig schmelzen. Mit Salz und frisch gemahlenem Pfeffer abschmecken und servieren.

Portionen: 4
Zeitbedarf: 1 3/4 h

Tipp:
Dazu passen Kartoffeln, Reis oder frisches Weißbrot.

MOLE POBLANO DE GUAJOLOTE - TRUTHAHN MIT MOLE POBLANO

MIT RITTER SPORT HALBBITTER ODER EDEL-BITTER

Traditionelles Festtagsessen aus Mexiko - scharf!
Dieses legendäre Rezept wurde in Puebla im 17. Jahrhundert von Schwester Andrea de la Asunción, einer Nonne des Dominikanerklosters Sankt Rosa, anlässlich des anstehenden Bischofsbesuches erfunden. Der Legende nach stieß sie vor Aufregung eine Dose Kakaopulver vom Bord über dem Herd, und der gesamte Inhalt ergoss sich in die Sauce. Eine neue Sauce zuzubereiten blieb keine Zeit ...
Heute ist die Mole die klassische mexikanische Festtagsmahlzeit: bei Hochzeiten, Geburtstagen, Taufen und anderen Festen.

Für den Truthahn:

1 Truthahn, ca. 4 kg
5 l Wasser
3 Zehen Knoblauch
1 Zwiebel
1 Lorbeerblatt
4 Nelken
1 Tl Salz

Portionen: 6-8
Zeitbedarf:
Mole 60 min
Truthahn 60 min

Zubereitung:

Truthahn

- Den Truthahn in ca. 8 Teile tranchieren und mit dem Wasser und Salz in einen großen Topf geben. Knoblauch grob hacken, die Zwiebel mit dem Lorbeerblatt und den Nelken spicken und hinzufügen. Alles aufkochen und bei mittlerer Hitze ca. 1 h zugedeckt gar kochen.

Mole

Beim Schneiden scharfer Chili-Schoten empfiehlt es sich, Gummihandschuhe zu tragen.

- Die Chilis waschen, längs aufschneiden, Stängel und Kerne entfernen und in kleine Stücke schneiden. Wasser zum Kochen bringen und über die Chilis gießen, 30 Minuten ziehen lassen.
- Zwiebel und Knoblauch hacken und in einer Pfanne glasig dünsten. Chilis abgießen, samt den Tomaten, den gedünsteten Zwiebeln und dem Knoblauch in einen Mixer geben und pürieren.
- Püree in die Pfanne geben. Gehackte Mandeln hinzufügen und 5 Minuten dünsten. Erdnüsse, Gewürze und

Für die Mole:

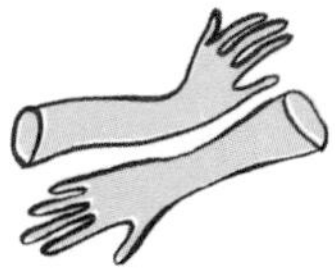

Gummihandschuhe
6 getrocknete Chili „ancho"
(süß-scharf)
4 getrocknete Chili „pasilla"
(schwarz, mild)
4 getrocknete Chili „mulato"
(rauchig, süß-scharf)
4 getrocknete Chili „chipotle"
(geräucherte jalapenos)
500 ml Wasser
375 g geschälte Tomaten (Dose)
Öl
1 Zwiebel, gehackt
2 Knoblauchzehen, gehackt
150 g Mandeln, gehackt
100 g Erdnüsse, gehackt
1/2 Tl Koriander
1/2 Tl Nelken, zerstoßen
1/2 Tl Pfeffer, schwarz
1/2 Tl Zimt
1/2 Tl Anis
2 Tl Salz
90 g Rosinen
100 g Ritter Sport Edel-Bitter
1 El Zucker

Zum Dekorieren:
2 El Sesam
Koriander, frisch

Rosinen hinzufügen und weitere 3 Minuten dünsten. Alles nicht zu fein pürieren.

• Öl in einer großen Kasserolle erhitzen, Püree hinzufügen und 5 Minuten unter ständigem Rühren kochen lassen. Schokolade und Zucker hinzufügen und aufkochen, bis die Schokolade geschmolzen ist. 4 Kellen der Truthahnbrühe hinzufügen, abdecken und 20 Minuten bei schwacher Hitze köcheln lassen. Abschmecken und eventuell weitere Brühe hinzufügen.

• Truthahnstücke abtropfen lassen, trockentupfen und hinzufügen. Zugedeckt bei mittlerer Hitze weitere 10 Minuten köcheln lassen.

• Sesam goldbraun rösten. Truthahnteile auf einer Platte anrichten, Mole darübergießen. Mit dem Sesam und frisch gehacktem Koriander bestreuen und servieren.

Tipp:
Dazu passen mexikanischer Reis, Bohnen oder Tortillas. Die Mole passt auch hervorragend zu anderem Geflügel, z. B. zu Hähnchen.
Den Rest der Mole können Sie als Dip zu Tortilla-Chips genießen.

Süße
Minze
Nougat
Edel
Bitter
Weiße

SCHOKOLADEN-FLAN MIT SAFRAN, CHILI & GRAPEFRUIT

MIT RITTER SPORT HALBBITTER ODER EDEL-BITTER

Zutaten:

1 Chili-Schote
100 ml Weißwein
125 g Ritter Sport Edel-Bitter
250 ml Sahne
4 kleine Eigelb
1 Limette, ungespritzt
1/2 Vanilleschote
30 g brauner Zucker
1/2 g Safran
Butter für die Formen

Zum Dekorieren:
6 rosa Grapefruits

Portionen: 4
Zeitbedarf: 60 min

Zubereitung:

- Backofen auf 130 Grad vorheizen.
- Chili-Schote waschen, entkernen und in Streifen schneiden. Weißwein in einem kleinen Topf erhitzen, vom Feuer nehmen und Chili-Streifen hinzufügen. 10 Minuten ziehen lassen. Danach Chili-Streifen herausnehmen.
- Schokolade zerkleinern und im Wasserbad schmelzen. 3 El Sahne hinzugeben und gut verrühren. Nach und nach restliche Sahne zugeben. Eigelb mit einem Pürierstab kurz aufschlagen und zur Schokoladenmasse geben. Limettenschale reiben und hinzufügen. Vanilleschote längs halbieren und das Mark herauskratzen. Das ausgekratzte Vanillemark, Zucker und Safran hinzufügen und verrühren. Mit dem Chili-Weißwein abschmecken.
- Schokoladencreme in 4 kleine Auflaufförmchen füllen und im Wasserbad bei 130 Grad im Backofen ca. 25 bis 30 Minuten garen.
- 4 Grapefruits filieren, die restlichen beiden auspressen. Den Saft in einem Topf kurz aufkochen, bis er sirupartig wird. Vom Feuer nehmen und Filets darin schwenken.
- Die Schoko-Flans mit braunem Zucker bestreuen und unter dem Grill im Backofen kurz karamellisieren lassen. Mit den lauwarmen Grapefruit-Filets servieren.

Tipp:
Statt des Chili-Weißweins kann zum Schärfen auch Chili-Pulver oder Tabasco verwendet werden.

BANANE IN JAMAIKA-RUM FLAMBIERT AUF SCHOKO-NUDELN

Ein Rezept von 2-Sterne-Koch Bernhard Diers

MIT RITTER SPORT COCOS

Zutaten:

Schokoladen-Nudelteig (S. 87)
(1/2 Menge), vorbereitet

8 Mini-Bananen
40 g Butter
40 g brauner Zucker
20 ml Jamaika-Rum
1 Vanilleschote
30 g Zitronensaft
120 ml Orangensaft
1 Zitrone, Zesten
1 Orange, Zesten
20 g Butter
80 ml ungesüßte Kokosmilch
50 g Ritter Sport Cocos

Zum Dekorieren:
Frische Minze

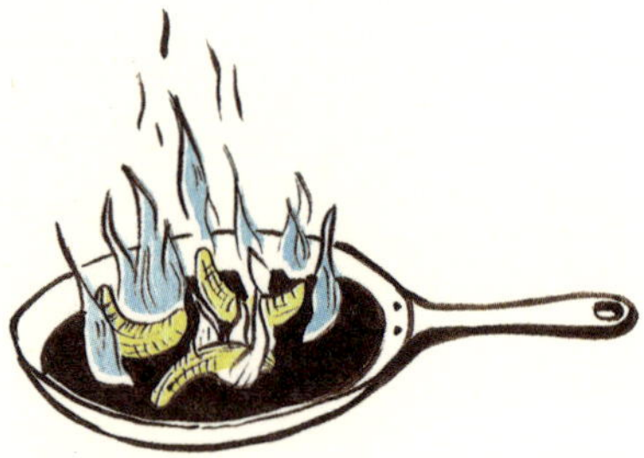

Portionen: 4
Zeitbedarf: 20 min

Zubereitung:

- Salzwasser in einem Topf zum Kochen bringen.
- Nudelteig portionsweise auf einer bemehlten Arbeitsfläche dünn auswalzen und in ca. 1 cm breite Streifen schneiden. Im kochenden Salzwasser 2 bis 3 Minuten al dente kochen.
- In der Zwischenzeit in einer beschichteten Pfanne die Butter leicht aufschäumen und die geschälten Bananen allseitig kurz braten. Bananen herausnehmen, den braunen Zucker in der verbleibenden Butter schmelzen, mit Orangensaft und Zitronensaft ablöschen, die ausgekratzte Vanilleschote ohne Mark zugeben und leicht einkochen.
- Bananen in den Sud legen, einen kurzen Moment erwärmen, mit dem Rum übergießen und flambieren. Anschließend aus dem Sud nehmen und warmhalten.
- Zesten und Mark der Vanilleschote zum Sud geben und mit Kokosmilch auffüllen. Alles aufkochen, Schokolade und Butter zugeben und darin schmelzen.
- Gekochte Schoko-Nudeln in die Sauce geben und kurz aufwärmen (nicht kochen lassen).
- Nudeln auf Tellern zentrieren, mit Bananen belegen und mit frischer Minze dekorieren.

Tipp von 2-Sterne-Koch Bernhard Diers:
Eine Kugel Kokosnuss- oder Vanille-Eiscreme machen dieses Dessert zu einem unvergesslichen Geschmackserlebnis.

DER PERFEKTE SCHOKOLADENKUCHEN

MIT RITTER SPORT EDEL-BITTER

Zutaten für eine Springform (d=28 cm):

6 Eier
225 g Butter
300 g Ritter Sport Edel-Bitter
225 g Zucker
3 El Mehl
150 g Mandeln, gemahlen

Zum Dekorieren:
Kakaopulver

Zubereitung:

- Backofen auf 220 Grad vorheizen.
- Eigelb und Eiweiß trennen. Eiweiß zu Schnee steif schlagen. Beiseite stellen.
- Schokolade zerkleinern und mit der Butter im Wasserbad schmelzen.
- Eigelb mit Zucker schaumig schlagen. Geschmolzene Schokolade, geschmolzene Butter, Mehl und Mandeln hinzufügen und zu einer homogenen Masse verrühren. Eischnee unterheben.
- Masse in eine gefettete runde Springform (d=28 cm) füllen und gleichmäßig verteilen.
- Schokoladenkuchen ca. 20 Minuten backen. Kuchen mit Kakao bestäuben oder nach Wunsch dekorieren und gut auskühlen lassen. Der Kuchen ist in heißem Zustand innen noch flüssig.

Portionen: 12–16 Stück
Zeitbedarf: 15 min
plus 20 min Backzeit

Tipp:
Statt Mandeln kann man auch gemahlene Haselnüsse verwenden. Der Schokoladenkuchen schmeckt auch als Dessert: Schmale Stücke mit halbierten frischen Erdbeeren anrichten und servieren.

Leckeres für Kids
35cm
2h
** 5°C
1cm

KUNTERBUNTE SCHOKO-TALER

MIT RITTER SPORT EDEL-BITTER UND WEISSE VOLL-NUSS

Zutaten:

275 g Ritter Sport Edel-Bitter
100 g leicht gesalzene Butter
75 g Schoko-Honig-Crisp-Riegel
75 g Vollkorn-Butterkeks
50 g Walnüsse, gehackt
100 g Ritter Sport
Weisse Voll-Nuss

Zubereitung:

• Dunkle Schokolade zerkleinern, mit der Butter im Wasserbad schmelzen und abkühlen lassen.
• Schokoriegel und Kekse in kleine Stücke brechen und mit den Walnüssen zur geschmolzenen Schokolade geben. Alles gleichmäßig unterrühren. Weiße Schokolade hacken und ebenfalls unterrühren.
• Die Mischung auf ein Backpapier geben und zu einer langen Rolle formen. Rolle in das Backpapier eindrehen und die Enden wie bei einem Bonbon verschließen. 2 bis 3 Stunden kühl stellen, bis die Masse fest ist.
• Papier vorsichtig entfernen. Die Keks-Schokoladen-Rolle in ca. 1 cm breite Scheiben schneiden.

Portionen: 24 Stück
Zeitbedarf: 20 min
plus Kühlzeit

Tipp:
Je nach Wunsch können auch Mandeln oder Pinienkerne verwendet werden.
Kühl gelagert halten sich die Schoko-Taler bis zu 5 Tage.

SCHOKOLADEN-CREPES MIT CASHEW-KERNEN & AHORNSIRUP

MIT RITTER SPORT HALBBITTER ODER EDEL-BITTER

Zutaten:

Für den Teig:

25 g Ritter Sport Edel-Bitter
100 g Mehl
2 El Zucker
1 Ei
300 ml Milch
Öl
100 g Cashew-Kerne
50 ml Ahornsirup
8 Kugeln Vanilleeis

Für die Sauce:

125 ml Sahne
75 ml Milch
100 g Ritter Sport Edel-Bitter
oder
100 g Ritter Sport Vollmilch

Portionen: 4
(8 Crêpes)
Zeitbedarf: 35 min

Zubereitung:

Die Crêpes

- Schokolade zerkleinern, im Wasserbad schmelzen und etwas abkühlen lassen.
- Mehl in eine Schüssel sieben, Zucker untermischen. Eine Mulde in die Mitte drücken und das Ei mit etwas Milch hineingeben. Von der Mitte her verrühren, dabei nach und nach die übrige Milch unterrühren, bis ein glatter Teig entsteht. Geschmolzene Schokolade vollständig unterrühren.

Die Sauce

- Schokolade zerkleinern. Sahne und Milch aufkochen. Vom Feuer nehmen und die Schokolade einrühren, bis sie vollständig geschmolzen ist. Etwas abkühlen lassen.

- In einer Pfanne 8 dünne Crêpes goldgelb ausbacken. Fertige Crêpes warmhalten.
- Cashew-Kerne grob hacken und leicht rösten. Mit dem Ahornsirup mischen.
- Die Crêpes auf Tellern zu Vierteln falten und mit dem Sirup übergießen. Mit je einer Kugel Vanilleeis und Schokoladensauce servieren.

Tipp:

Je nach Geschmack können Sie die Schokoladensauce auch mit Ritter Sport Halbbitter oder Vollmilch zubereiten. Die Crêpes schmecken auch hervorragend mit Pekannüssen.

SCHOKOLADEN-WAFFELN MIT MANDELN

MIT RITTER SPORT HALBBITTER

Zutaten:

250 ml Milch
125 g Butter
10 g Bourbon Vanillezucker
125 g Zucker
4 Eier
150 g Mehl
150 g Stärkemehl
1 Prise Backpulver
50 g Mandeln, gehackt
50 g Ritter Sport Halbbitter

Zum Dekorieren:
Puderzucker

Zubereitung:

- Schokolade zerkleinern und im Wasserbad schmelzen.
- Übrige Zutaten in einer Schüssel mit einem Handrührgerät zu einem lockeren Teig verrühren. Geschmolzene Schokolade gleichmäßig unterrühren.
- Teig im Waffeleisen zu Waffeln ausbacken.
- Mit Puderzucker bestäuben und servieren.

Portionen: 10 Stück
Zeitbedarf: 35 min

Tipp:
Probieren Sie auch andere Ritter Sport Schokoladensorten aus, z.B. Nugat oder Alpenmilch.

BANANEN-SCHOKO-QUARK

MIT RITTER SPORT HALBBITTER

Zutaten:

100 g Ritter Sport Halbbitter
500 g Magerquark
100 g Zucker
2 El Milch
200 g Schlagsahne
10 g Bourbon Vanillezucker
1 Zitrone
2 Bananen

Zum Dekorieren:
1/2 Banane

Zubereitung:

- Schokolade zerkleinern und im Wasserbad schmelzen.
- Quark, Zucker und Milch verrühren.
- Sahne mit dem Vanillezucker steif schlagen.
- Geschmolzene Schokolade unter den Quark rühren. Geschlagene Sahne unterheben. 2 Bananen schälen, in Scheiben schneiden und unter den Quark heben.
- Zitrone auspressen. 1/2 Banane schälen, in Scheiben schneiden und mit etwas Zitronensaft beträufeln. Mit dem restlichen Zitronensaft den Quark abschmecken.
- Quark auf 4 Portionen verteilen und mit den Bananenscheiben garnieren.

Portionen: 4
Zeitbedarf: 20 min

Tipp:
Noch cremiger wird's, wenn man Sahnequark verwendet. Probieren Sie den Quark doch auch mal mit anderen Ritter Sport Sorten aus.

Durch den täglichen GENUß von
SCHOKOLADE
wird die Gesundheit wieder hergestellt
& das LEBEN verlängert
Dr.Beherens, Leibarzt von Cardinal de Richelieu
13 14.15
16
3
31
S. Ignazio

WELCHER SCHOKO-TYP SIND SIE?

EIN HEITER-ERNSTZUNEHMENDES CHARAKTERQUIZ

Auch unter Schokolade-Liebhabern gibt es sehr verschiedene – ja sogar gegensätzliche Typen. Mit unterschiedlichen Neigungen, Vorlieben und mit Verhaltensweisen, die Welten voneinander entfernt sind. Da beißt einer gern kräftig und herzhaft in eine knackige Tafel Schokolade, und der andere nascht lieber genüsslich Stück für Stück. Solche Wesensmerkmale lassen sich ein klein wenig erkennen. Mit den folgenden Fragen können Sie sich vielleicht selbst auf heitere Art und Weise ein wenig auf die Schliche kommen. Viel Spaß dabei!

1) Ein Umzug steht an. Wie würden Sie am liebsten wohnen?

a) Ich wohne am liebsten in einer großzügigen Wohnung in Parknähe.
b) Ich freue mich auf ein kleines Hexenhäuschen mit Garten.
c) Ich beziehe ein schickes Loft in der Stadtmitte.
d) Ein Haus in der Natur finde ich toll mit Wald und Wiesen vor der Haustür.

2) Ihr Gärtner schenkt Ihnen einen Gutschein über 200,- Euro. Welche Pflanzen suchen Sie sich aus?

a) Bitte keine Pflanzen. Ich investiere das Geld lieber in stilvolle Blumenarrangements.
b) Ich entscheide mich für 40 Töpfe Lavendel.
c) Ich nehme eine Orchidee.
d) Ich verschönere die Grillecke mit Bambus.

3) Ihre Familie schenkt Ihnen eine Wochenendreise. Worüber freuen Sie sich am meisten?

a) Ein Wochenende im Schwarzwald mit einer Wandergruppe.
b) Eine Übernachtung im Designhotel mit Gourmetkoch in einer europäischen Metropole.
c) Abenteuer pur. Mit Klettern, Mountainbiken und Gleitschirmfliegen.
d) Ayurvedische Anwendungen in einem exklusiven Spa.

4) Welche Farbe gefällt Ihnen am besten?

a) Gelb
b) Orange
c) Blau
d) Violett

5) Wie sieht ein perfekter Abend für Sie aus?

a) Auspowern im Wald mit dem Mountainbike und dann mit Freunden grillen.
b) Gemütlich: Füße hoch, auf's Sofa kuscheln und einen guten Film anschauen.
c) Ich lasse mir Badewasser mit einem tollen Duft ein und lese.
d) Ich treffe mich mit Freunden in der neuen Trend-Bar.

6) Welches dieser Bilder findet sich am ehesten an Ihren Wänden?

a) Familienbilder

b) Weltkarte

c) abstraktes Gemälde

d) dekoratives Bild

7) Wenn Sie Schokolade essen, denken Sie an:

a) Sich selbst verwöhnen
b) Geschmack genießen
c) Energiezufuhr
d) Ich hoffe auf die freiwerdenden Glückshormone.

8) Lange nicht gesehene Freunde kündigen sich spontan zum Abendessen an, weil sie gerade in der Stadt sind. Wie reagieren Sie?

a) Sie klagen über Müdigkeit und eine sich anschleichende Grippe.
b) Sie kochen ein 3-Gänge-Menü.
c) Sie reservieren beim Italiener um die Ecke.
d) Sie stellen Bier kalt und holen schon mal die Schlafsäcke vom Dachboden.

9) Sie kommen mit Ihrem Auto nicht durch den TÜV. Wie reagieren Sie?

a) Ich leihe mir vorübergehend das Auto meiner Mutter.
b) Ich habe gar kein Auto.
c) Ich fahre mit meiner Vespa.
d) Mein Auto ist scheckheftgepflegt, das wird nicht vorkommen.

10) Welche Reaktion löst eine Steuernachzahlung bei Ihnen aus?

a) Ich lege den Brief in die hinterste Ecke und warte auf die 1. Mahnung.
b) Ich habe nie Steuernachzahlungen.
c) Ich verkaufe meine Blechspielzeugsammlung.
d) Ich bekomme Pusteln.

11) Welche dieser Figuren gefällt Ihnen am besten?

a) Dreieck
b) Quadrat
c) Kreis
d) Kreuz

12) Ein Freund von Ihnen möchte sich eine neues Bett kaufen und bittet Sie um Rat. Wozu raten Sie ihm?

a) Ich zeige ihm ein massives Bett aus Buche vom Schreiner.
b) Ich gehe mit ihm zum Trödler, der ein Bett aus der Gründerzeit hat.
c) Ich rate ihm zu einem schlichten Futon.
d) Ich empfehle ihm den Umstieg auf die Hängematte.

Auflösung:

Zählen Sie einfach die Punkte Ihrer Antworten zusammen. Das Ergebnis finden Sie gleich nebenan.

Nr.	a)	b)	c)	d)
1	2	4	6	8
2	3	2	1	4
3	1	3	4	2
4	4	8	2	6
5	4	1	2	3
6	1	4	3	2
7	2	6	8	4
8	2	4	6	8
9	8	4	6	2
10	8	2	6	4
11	4	3	2	1
12	2	4	6	8

19 bis 32: DER NUGAT-TYP

Sie sind ein herzlicher und empfindsamer Mensch, der Traditionen pflegt und sich an seinen Wurzeln orientiert. Sie sind praktisch veranlagt und mögen eine geordnete Struktur in Ihrem Leben, in dem die Familie eine wichtige Rolle spielt. Neuen Dingen oder Trends stürmen Sie nicht gerade entgegen, Sie lassen die Dinge eher langsam auf sich zukommen. Den wohlverdienten Feierabend nutzen Sie nicht zum Feiern, sondern lieber zum Ausruhen und Entspannen. Sie verwöhnen sich gern. Deshalb lieben Sie Ritter Sport Nugat-Schokolade. Sie versüßt Ihnen auf zart schmelzende Art und Weise Ihr Leben, das meistens von Qualität und Umsicht bestimmt ist, und Ihnen gefällt, dass auf ihren sahnigen Nugat-Geschmack traditionell Verlass ist.

33 bis 47: DER TYP FÜR DIE GEFÜLLTE SCHOKOLADE

Sie sind ein Romantiker und lieben alles Schöne. Menschen, Dinge und Situationen beurteilen Sie vor allem nach Ihrem Gefühl. Vermutlich leben Sie in einem stimmungsvollen Zuhause, das Sie gern und oft mit Ihrem großen Freundeskreis teilen. Sie genießen das Leben und gestalten es kreativ. Mit Dingen, die nur praktisch sind, fangen Sie nicht viel an. Sie mögen es gern etwas üppiger, auch bei Schokolade: nicht pur, sondern am liebsten gefüllt. Je nach Stimmung und Jahreszeit bevorzugen Sie die frischen und fruchtigen Sommersorten, die feinen Trüffelschokoladen im Winter oder zwischendurch eine Marzipan oder Rum Trauben Nuss. Die bunten Quadrate werden bei Ihnen ganz selbstverständlich in die Dekoration von Tisch und Wohnung mit einbezogen.

48 bis 62: DER TYP FÜR SCHOKOLADE PUR

Sie sind Trendsetter, bewegen sich am Puls der Zeit und orientieren sich an den Dingen, die gerade angesagt sind. Dabei leben Sie Ihren ganz eigenen Lebensstil mit Lust am Experimentieren und an ausgefallenen Ideen. Wahrscheinlich interessieren Sie sich für Gestaltung im weiteren Sinn und sind oft auf Vernissagen und angesagten Partys zu finden. Ihre kreative Ader spiegelt sich auch in Ihrem stilvollen Zuhause wider. Allerdings steht Ihnen nicht der Sinn nach Üppigem oder Verspieltem – Sie mögen's gern pur und klar. In Ihrem Designer-Kühlschrank im Retro-Look befinden sich die neuen Ritter Sport Edel-Bitter-Quadrate mit besonders hohem Kakaoanteil, die Sie lustvoll Stück für Stück genießen und auch Ihren zahlreichen Freunden gern zum Digestif anbieten.

63 bis 76: DER VOLL-NUSS-TYP

Sie fühlen sich am wohlsten, wenn Sie in Bewegung sind oder etwas bewegen können. Sie sind ein offener und extrovertierter Typ, der gern auf andere Menschen zugeht. Einsamkeit und Stillstand können Sie nur schwer ertragen. Sie ergreifen gern die Initiative, auch komplizierte Situationen oder Probleme gehen Sie offensiv an, um sie zu bewältigen. Ihre Wochenenden verbringen Sie vorzugsweise in der freien Natur mit einem Sportgerät, am liebsten mit vielen guten Freunden um sich herum, die genauso fit sind wie Sie. Für Sie ist die Ritter Sport Voll-Nuss die richtige Schokolade. Kompromisslos und knackig, liefert sie neben genussvollen Momenten auch gleichzeitig die notwendige Energie, die Sie für Ihr aktives Leben brauchen.

DAS MUSEUM RITTER

Im September 2005 wurde das MUSEUM RITTER für die Sammlung konstruktiv-konkreter Kunst von Marli Hoppe-Ritter, der Mitinhaberin der Firma Ritter Sport, errichtet. Inhaltlich setzen sich die Werke der Sammlung mit dem Quadrat in der Kunst des 20. und 21. Jahrhunderts auseinander. Exemplarisch zeichnen diese Arbeiten die Geschichte der geometrischen Abstraktion von ihren Anfängen um 1910 bis heute nach. Wechselnde Sammlungspräsentationen, Sonderausstellungen und ein vielfältiges Kunstvermittlungs- und Veranstaltungsprogramm für Kinder und Erwachsene machen das MUSEUM RITTER zu einem lebendigen Ort der Kunstbegegnung.

Museum Ritter
Sammlung Marli Hoppe-Ritter
Alfred-Ritter-Straße 27
71111 Waldenbuch
Informationen & Kontakt:
Telefon: 07157 / 53511-0
info@museum-ritter.de
www.museum-ritter.de

Der RITTER SPORT SCHOKOLADEN

Erleben Sie die Welt der Schokolade und die Vielfalt der Marke Ritter Sport in unserem Ritter Sport SchokoLaden in Waldenbuch. Einen Blick hinter die Kulissen und eine Entdeckungsreise mit allen Sinnen bietet unsere abwechslungsreiche und interaktive SchokoAusstellung. Erfahren Sie Wissenswertes über Kakao und Schokolade, sowie Unterhaltsames und Interessantes über die Marke Ritter Sport. Ein spannender Film entführt Sie in unserem Kino in die geheimnisvolle Ritter Sport Schokoladenwelt. Lust auf eine ganz individuelle Schokoladensorte? In unserer SchokoWerkstatt können Kinder und Jugendliche einmal selbst kreativ sein und ihr ganz persönliches Schoko-Quadrat samt Verpackung kreieren. Und in unserem SchokoShop können Sie in aller Ruhe nach Ihrer Lieblingssorte stöbern. Neugierig? Wir freuen uns auf Sie.

Ritter Sport SchokoLaden | Alfred-Ritter-Straße 27 | 71111 Waldenbuch
Informationen & Kontakt:
Telefon: 07157 / 97-704 | schokoladen@ritter-sport.de | www.ritter-sport.de

SCHOKOWERKSTATT

REZEPTVERZEICHNIS ALPHABETISCH

Die mit einem (*) markierten Rezepte eignen sich besonders für Kinder.

Die mit einem (*) markierten Rezepte eignen sich besonders für Kinder.

Abbildungsnachweis & Quellen

Titel/Umschlag:

• Kakaofrucht, Kupferstich, www.infozentrum-schoko.de.

• Kakaobohnen, Foto © Bernd Eidenmüller, Stuttgart.

• Schokoladenkuchen, Foto © Stone Collection Getty Images.

• Azteken, Kupferstich, www.infozentrum-schoko.de.

Seite 3: Foto © Bernd Eidenmüller, Stuttgart.

Seite 6: Columbus, Illustration © Jan Bazing, Stuttgart.

Seite 7: Columbus' Ankunft in der Neuen Welt im Jahr 1502, Gemälde eines unbekannten Meisters aus dem 17. Jahrhundert, www.infozentrum-schoko.de.

Seite 8:

• Hintergrund: Quetzalcoatl als Windgott aus dem Codex Magliabecchi, www.infozentrum-schoko.de.

• Türkismaske, British Museum, London, www.infozentrum-schoko.de.

• Indio, Kupferstich aus dem Jahr 1685, www.infozentrum-schoko.de.

• Aztekische Steinskulptur, www.infozentrum-schoko.de.

Seite 9:

• Hintergrund: Kakaobaum, aus dem Codex Fejérváry, www.infozentrum-schoko.de.

• Azteken, Kupferstich, www.infozentrum-schoko.de.

• Kakaoglyphe, Michael D. Coe, aus „Die wahre Geschichte der Schokolade" von Sophie und Michael D. Coe, S. Fischer Verlag GmbH, Frankfurt am Main, 1997.

• Keramikkrug, Foto George E. Stuart, aus „Die wahre Geschichte der Schokolade" von Sophie und Michael D. Coe, S. Fischer Verlag GmbH, Frankfurt am Main, 1997.

Seite 10:

• Columbus erreicht die Neue Welt, kolorierter Kupferstich von Theodor de Bry (Frankfurt am Main 1594), www.infozentrum-schoko.de.

• Spanische Karavelle, C. Columbus, Regnu Hyspanie, Basel 1493, aus „Die wahre Geschichte der Schokolade" von Sophie und Michael D. Coe, S. Fischer Verlag GmbH, Frankfurt am Main, 1997.

• Montezuma in einer zeitgenössischen Darstellung, um 1620, www.infozentrum-schoko.de.

Seite 11:

• Hintergrund: Columbus, der erste Erfinder der Neuen Welt, kolorierter Kupferstich von Theodor de Bry (Frankfurt am Main 1594), aus „Columbus – Lebensbilder" von S. Fischer-Fabian und Karl-Heinz Jürgens, Gustav Lübbe Verlag, Bergisch Gladbach, 1991.

• Das erste Zusammentreffen von Cortez und Montezuma, 1519, Ölbild aus dem 19. Jahrhundert, Cadbury Collection, Birmingham, www.infozentrum-schoko.de.

• Darstellung einer hochrangigen Aztekin, aus dem Tudela-Kodex, spätes 16. Jahrhundert, www.infozentrum-schoko.de.

Seite 12:

• Hintergrund: Weltkarte von Martin Waldseemüller, in der zum ersten Mal der Name „America" auftaucht, kolorierter Holzschnitt, 1507, Madrid, Museo Naval, aus „Columbus – Lebensbilder" von S. Fischer-Fabian und Karl-Heinz Jürgens, Gustav Lübbe Verlag, Bergisch Gladbach, 1991.

• Kaiser Karl V. empfängt Geschenke aus der Neuen Welt, www.infozentrum-schoko.de.

• Phantasievolle Darstellung eines Türken, eines Chinesen und eines Azteken beim Genuss ihrer jeweiligen Getränke, aus Dufours Abhandlung über Kaffee, Tee und Schokolade von 1685, www.infozentrum-schoko.de.

Seite 13: Brancati (1612–1693), aus den Archiven des Vatikans, Rom, www.infozentrum-schoko.de.

Seite 14:

• Das Schokoladenmädchen, Gemälde von Jean-Etienne Liotard, Staatliche Kunstsammlungen Dresden Gemäldegalerie Alte Meister, www.infozentrum-schoko.de.

• Der Chocolat, Kupferstich um 1750 von Martin Engelbrecht (1684–1756), im Besitz der Kunstbibliothek Berlin, www.infozentrum-schoko.de.

Seite 15:

• Ein Wiener Stich aus der Folge „Schauplatz der Natur und Künste" (1775) zeigt die Schokolade-Herstellung am Ende des 18. Jahrhunderts, www.infozentrum-schoko.de.

• Conchensaal der Firma Lindt & Sprüngli um die Jahrhundertwende, www.infozentrum-schoko.de.

• In einer deutschen Schokoladenfabrik um 1908, aus „Xocolatl – ein süßes Kapitel unserer Kulturgeschichte" von Rolf Italiaander, Droste-Verlag, Düsseldorf, 1980.

Seite 16 bis 27: Firmen-Archiv Alfred Ritter GmbH & Co. KG.

Ausgenommen Seite 26:

• Alfred Ritter, Foto © Bernd Eidenmüller, Stuttgart.

• Marli Hoppe-Ritter, Foto © Bernd Eidenmüller, Stuttgart.

• Museum Ritter, Foto © Victor S. Brigola, Stuttgart.

Seite 28/29: Kakaofrüchte, www.infozentrum-schoko.de.

Seite 29 Hintergrund: Kakaofrüchte, Foto Hilmar Hoppe, Firmen-Archiv Alfred Ritter GmbH & Co. KG.

Seite 30: Carl von Linné, Kupferstich, www.infozentrum-schoko.de.

Seite 31 bis 33: Firmen-Archiv Alfred Ritter GmbH & Co. KG.

Ausgenommen Seite 33:

Kakaofrüchte, Kupferstich, www.infozentrum-schoko.de.

Seite 34 bis 37: Fotos Hilmar Hoppe, Firmen-Archiv Alfred Ritter GmbH & Co. KG.

Seite 38/39: Firmen-Archiv Alfred Ritter GmbH & Co. KG.

Seite 40 bis 53: Piktogramme/Illustration © Jan Bazing, Stuttgart.

Seite 42 bis 44: Fotos www.infozentrum-schoko.de.

Ausgenommen Seite 44 oben: Foto Hilmar Hoppe.

Seite 45 bis 53: Fotos © Bernd Eidenmüller, Stuttgart.

Ausgenommen:

• Seite 45 oben: Firmen-Archiv Alfred Ritter GmbH & Co. KG.

• Seite 48: Foto Kakaobutter, www.infozentrum-schoko.de.

Seite 54/55: Fotos © Bernd Eidenmüller, Stuttgart.

Seite 56/57: Illustration © Anja Maria Eisen, Stuttgart.

Seite 58/59: Illustration © Anja Maria Eisen, Stuttgart.

Ausgenommen Seite 58 unten: Der Polarforscher Fridtjof Nansen, Plakat, Sammlung Kunstbibliothek Berlin, aus „Xocolatl – ein süßes Kapitel unserer Kulturgeschichte" von Rolf Italiaander, Droste-Verlag, Düsseldorf, 1980.

Seite 60 bis 71: Illustration © Jan Bazing, Stuttgart.

Seite 72: Illustration © Anja Maria Eisen, Stuttgart.

Seite 73: Trinkschokolade, Foto © Photonica Collection Getty Images.

Seite 74 bis 101: Illustration © Anja Maria Eisen, Stuttgart.

Seite 102 bis 104: Illustration © Veronique Stohrer, Stuttgart.

Seite 106/107: Fotos © Victor S. Brigola, Stuttgart.

Ausgenommen:

• Seite 106 Mitte links: Foto © Olaf Nagel, Ostfildern.

• Seite 107 unten links: Foto © Bernd Eidenmüller, Stuttgart.

Wir bitten Bildrechteinhaber, die bis zum Redaktionsschluss trotz intensiver Recherche nicht identifiziert werden konnten, sich beim Herausgeber zur Wahrung ihrer Bildrechte zu melden.

Impressum

Herausgeber:
Alfred Ritter GmbH & Co. KG, Waldenbuch

Konzeption & Gestaltung:
Christiane Dalcolmo
Totems Communication GmbH, Stuttgart
www.totems.com

Creative Director & Art Direction:
Christiane Dalcolmo, Totems Communication GmbH

Redaktion:
Alfred T. Ritter, Alfred Ritter GmbH & Co. KG
Marli Hoppe-Ritter, Alfred Ritter GmbH & Co. KG
Maria Jung-Czurgel, Alfred Ritter GmbH & Co. KG
Dr. Hartmut Rohse, Alfred Ritter GmbH & Co. KG
Philipp Dieterich, Museum Ritter
Christiane Dalcolmo, Totems Communication GmbH

Text:
Christiane Dalcolmo, Totems Communication GmbH

Archiv:
Ritter Sport Firmenarchiv, Jürgen Först
Info-Zentrum Schokolade | www.infozentrum-schoko.de

Illustration:
Anja Maria Eisen, Stuttgart
Jan Bazing, Stuttgart
Veronique Stohrer, Stuttgart

Fotografie:
Victor S. Brigola, Stuttgart | www.victorbrigola.com
Bernd Eidenmüller, Stuttgart | www.berndeidenmueller.de
Olaf Nagel, Ostfildern
Hilmar Hoppe, Schwetzingen

Gesamtherstellung:
Sommer Corporate Media GmbH & Co. KG, Waiblingen
www.sommer-corporate-media.de

W50-1622

ISBN: 3-923003-93-5
Edition Quadrat

Besuchen Sie uns im Internet:
www.ritter-sport.de